MAJESTUEUSE BIRMANIE MYANMAR

Édité par :
Éditions Glénat

Services éditoriaux et commerciaux :
Éditions Glénat - 31-33, rue Ernest Renan
92130 Issy-les-Moulineaux

Remerciements :
A Thu et Nabile Graïda, Midnight Pearls, Bangkok Dr Frédéric Heuduin,
Jacques Lebrat, Galerie Punchinello.

Texte : Frédérique Maupu-Flament et Yves Crapez
Maquette : Xavier Richer
Photogravure : Dalichi Process, Singapour
Réalisation : Atelier d'Edition Européen
Cartographie : Philippe Rekacewicz

Collection « Majestueux » dirigé par Xavier Richer.

Couverture : © Nevada Wier/CORBIS
Intérieur : © Photographies François Guenet excepté les pages :
36-37-52-92-93 Manaud/ICONE ; 98 Stevens ; 108-109 Wang ; 110-111
Gellie/ICONE.

Imprimé en Italie par Officine Grafiche De Agostini, Novara
Achevé d'imprimer : mai 2006
Dépôt légal : mai 2006
ISBN : 2-7234-5528-9

BIRMANIE ÉTERNELLE

J'ai une nature heureuse
Même si, parfois, je pleure.
Quand je ris, chacun vient
Se joindre à mon rire,
Mais quand je pleure,
Le cercle fraternel se brise
Et disparaît la gaieté.

Bu Talin Chit Lay

Bordée à l'ouest par le golfe du Bengale, le Bangladesh et l'Inde, défendue au nord et à l'est par la Chine, le Laos et la Thaïlande, la Birmanie reste une terre à découvrir. Au pays des pagodes dorées, la vie semble rythmée par les aubes et les crépuscules d'un autre âge. Ici, les traditions ont la senteur du teck et se reflètent dans le miroir irisé d'une paisible rizière.

Chantée par Kipling, Kessel et Bu Talin Chit Lay, la Birmanie respire dans la joie et la douleur de sa nature aux mille contrastes. Si, aujourd'hui, ce pays à nul autre pareil est rebaptisé Myanmar, qu'importe, puisque son cœur bat éternellement au rythme de ses trois saisons de pluie, de fraîcheur boisée et de chaleur dorée. Vous aimerez capter les silences de cette terre enchantée, aux nombreux prodiges enfouis dans un bel écrin de verdure luxuriante. Qui n'a vu dans la brume du petit matin serpenter le fleuve Irrawaday, aux doux reflets gris, n'a rien vu. Cette artère de 2 250 kilomètres de long fertilise inlassablement la terre birmane, nourrissant rêves et vies d'un peuple obstiné et paysan. Kipling s'y laissait porter dans le doux balancement d'un vapeur colonial. Aujourd'hui, hier, qu'importe, puisque chacun, ici, pratique encore et toujours un bouddhisme optimiste et quotidien.

Et pourtant, tout a commencé dans le feu et le sang, il y a deux mille ans, à l'époque des hommes nus et des tigres maîtres de la jungle. Surgie des sommets enneigés de l'immuable Tibet, une peuplade d'hommes et de femmes aux cheveux d'ébène, au teint cuivré, aux traits fins et gracieux, dévala un beau jour ses abruptes montagnes pour conquérir, plus au sud, un nouvel espace vital. Ces hommes et femmes constituèrent la souche pleine de sève des premiers Birmans. Là, serrés dans cet étrier montagneux qui borde la Birmanie sur ses trois côtés terrestres, ces êtres courageux posèrent les jalons d'une des civilisations les plus attachantes du Sud-Est asiatique.

Protégé au nord par l'écran naturel de monts enneigés hauts de 6 000 mètres, baigné d'une verdoyante jungle hostile et touffue où vivent les tigres mangeurs d'hommes, les éléphants sauvages et des centaines de serpents venimeux, ce peuple qui voulait du neuf s'ouvrait l'éternité. Race de montagnards et de campagnards, traqueur de fauve autant que riziculteur, le Bamar, futur Birman, venait de naître dans son nouvel Éden. D'autres peuplades s'engouffrèrent dans la brèche que ces courageux petits êtres avaient taillée au cœur d'une jungle immense et effrayante. Aujourd'hui, les ethnies se comptent par dizaines. L'Inde, puissante voisine, allait bien sûr marquer de son sceau la Birmanie naissante. Le bouddhisme birman, moins universel et doctrinaire que celui des lamas tibétains, est plutôt bon enfant, quotidien, simple et touchant de ferveur naïve. Chaque Birman rêve de construire, une fois dans sa vie, une pagode dédiée à Bouddha. Ainsi pense-t-il s'acquérir de nouveaux mérites, meilleur moyen de gagner un jour le nirvana.

Dès le Xe siècle, l'Empire birman connaît une resplendissante apogée. Sa langue aux douces sonorités s'impose dans la région. Bouddha est célébré à chaque carrefour. L'architecture religieuse forge en un harmonieux mélange tendances indiennes, tibétaines et chinoises. Les dynasties s'enchaînent, édifiant tour à tour des cités d'or et de rêve. Les pouvoirs, mône au XIVe siècle, toungoo un siècle plus tard, konbaung au XIXe siècle, laisseront leur empreinte sur cette terre incroyablement féconde. Bago, cité sacrée autant que majestueuse, connaît alors le pillage et la terreur. Mais, hier comme aujourd'hui, la prodigieuse pagode de Sulamani atteste de la grandeur de cette période, lorsque l'esprit birman et la conscience de Bouddha se mariaient comme les couleurs d'une flamme...

Peut-on imaginer pays plus proche de nos rêves d'enfants ? *Du Livre de la jungle* ? Des rutilants rubis aux promesses inespérées ?

Depuis l'aube des temps, des gemmes aux couleurs de cette nature exceptionnelle attendent, sous terre, qu'on les fasse naître en plein soleil, comme autant de légendes ou, peut-être, de contes de fée. Quelques siècles plus tard, l'écrivain aventurier Joseph Kessel en tirera sa prodigieuse *Vallée des rubis*, sacre éternel de cet or minéral qui rend les femmes encore plus belles.

Dans ce pays intemporel, préservé presque autant des envahisseurs que du tourisme, Bouddha éternel et bouddhisme du quotidien lient les disparités d'hier et d'aujourd'hui dans un même chant profond. Bien sûr, en leur temps, les Britannique se sont appuyés sur les ethnies et tribus qui composent le pays pour diviser et mieux régner. Mais ont-ils vraiment abîmé cette Birmanie éternelle aux forêts de jade, aux lacs et torrents de saphir, à l'Irrawaday chatoyant de ses reflets de topaze ? Aubes et crépuscules rougeoyaient et rougeoient encore comme millions de rubis. Là où la barbarie d'un Kubilaï Kan faussement bouddhiste avait porté au cœur des Birmans des coups terribles, la sagesse et la patience d'un peuple authentiquement bouddhiste répond qu'il n'est que temps d'attendre... Ni les Japonais, durant la Seconde Guerre mondiale, ni plus tard, après l'indépendance de 1947, les vicissitudes d'une politique intérieure chaotique, n'ont pu altérer le sens humble et sacré que chaque Birman donne à sa vie et à celle d'autrui.

Majestueuse comme les innombrables statues de Bouddha couvertes de feuilles d'or lourdes de ferveur religieuse, la Birmanie vous ouvre ses 676 000 kilomètres carrés de terres contrastées, sa jungle où tigres et guides se livrent encore à de périlleuses parties de cache-cache, son mont Popa empreint du culte naïf des nats, les divinités locales. Vous aussi, vous vibrerez à l'histoire de Monsieur Beau et de sa sœur Visage d'Or, figés pour l'éternité dans une grotte sans lumière après avoir péri par les flammes, châtiment d'un prince cruel et jaloux. La Birmanie, riche de presque 45 millions d'âmes, va bercer votre imagination à chaque coudée de son fleuve mythique, ou sur les plages de sable vierge de sa côte ouest. Bien sûr, l'historique capitale du XIXe siècle, Mandalay, vous emportera aussi sur le manège rétro de coutumes adorables et précieuses. Préservée du tourisme, cette cité résume parfaitement l'Orient éternel. Belles, les Birmanes le sont sans nul doute. Le visage fardé de thanaka, elles sourient : mais est-ce à vous, à Bouddha ?

En guise d'école obligatoire, le Birman est initié au bouddhisme avant sa majorité, et plus tard il sera moine, quelques mois durant ou à vie. Crâne rasé, vêtu d'une belle robe safran, tenant en ses mains le bol à offrandes, un moine n'a pas à se préoccuper des dogmes. Heureux homme, c'est en toute liberté de conscience qu'il pense et agit ! Douceur et tolérance...

Malgré son récent développement touristique, le Myanmar demeure à l'écart des modes et du temps présent. Chaque pagode (il en existe des milliers) est un témoignage d'amour envers Bouddha et son enseignement. Chacune a sa raison d'être et correspond à un jataka, ces fragments d'une des vies antérieures de l'Éveillé (autre nom de Bouddha). Voir Rangoon, la capitale (aujourd'hui, Yangon), c'est revivre au rythme du style britannique. L'Asie de Kipling éclate à chaque coin de rue, sur chaque façade de ces maisons coloniales aux allures languides.

Riche de ressources naturelles mal exploitées, tributaire du manque de routes, secoué par des courants sociaux parfois opposés, le Myanmar cherche sa vitesse de croisière. Pourtant, ce pays peu peuplé fut, autrefois, le grenier de l'Asie du Sud-Est. Ses traditions en font une nation très originale, à jamais différente de ses voisines. Et la pagode Shwedagon, joyau incrusté dans Rangoon, capitale de l'État, semble affirmer à la face de l'Asie que Bouddha, ici, passe avant tout.

Page 4, long de 55 mètres, haut de 16, l'imposant Bouddha couché de Shwethalyaung

Ci-contre, une femme-girafe, dans l'État kayah.

Double page précédente

La plaine de Pagan, véritable musée à ciel ouvert, offre à la ferveur des Birmans ses milliers de temples et de pagodes édifiés à partir du Moyen Age. Véritable florilège de l'art religieux, Pagan recèle tant de trésors qu'il faudrait une vie au visiteur pour en épuiser la richesse.

Ci-contre, sur les berges de l'Irrawaday, artère fluviale irriguant la Birmanie, une famille se déplace dans un char à bœufs. Les roues, surdimensionnées, permettent à l'équipage d'affronter les chemins boueux pendant la saison des pluies.

Ci-dessus, hérissant l'horizon mauve de la plaine de Pagan, les stupas se dressent comme de vigilants gardiens du bouddhisme. Originaires des Indes, ces tumulus couronnés d'un belvédère carré sont toujours surmontés d'une hampe de pierre. On y enterrait les reliques des disciples de Bouddha. Plus tard, ces monuments ont symbolisés dans toute l'Asie, la doctrine bouddhiste. Au premier plan, deux ruines témoignent d'un temps passé, où se mêlent ferveur et histoire tourmentée de ce pays singulier.

Page de droite, un merveilleux Bouddha doré, à la beauté féminine, veille majestueusement sur le temple de Sulamani.

DONATION FOR GILDING
DONATION FOR PAVEMENT

Deux rivières sœurs, la Meikha et la Malihka, fusionnent dans les monts des Kachins pour donner naissance au prodigieux Irrawaday, fleuve nourricier de la Birmanie, long de 2 250 kilomètres.

Ci-dessus, une pagode nichée sur la berge du fleuve. Les moines en quête de méditation apprécient le calme cristallin de cette rivière aux pouvoirs magiques. Toute une vie s'organise au fil de l'eau : tantôt des marchés flottants, où vendeurs et acheteurs circulent en barque, et sautent de l'une à l'autre, tantôt l'acheminement de troncs de teck, ce bois rare et précieux qui constitue une des richesses traditionnelles de la Birmanie. Ces convois de teck, appelés «trains de flottage», sont dirigés par des cornacs expérimentés et courageux. Un faux pas, et c'est la mort par écrasement entre ces troncs aussi longs et lourds que l'obélisque de la Concorde.

Ci-contre, un Birman sur une barque traditionnelle dont la forme évoque une gondole vénitienne. L'Irrawaday permet le transit des marchandises, des hommes, et abrite parfois dans une crique un camp de chercheurs d'or. Descendre ce fleuve sur toute sa partie navigable réserve des surprises à l'amateur de sensations fortes.

Ci-dessus

Une barque à voile latine, assez semblable aux traditionnels *dhows* des Arabes, se laisse porter par le vent et le courant. S'agit-il d'un groupe de chercheurs d'or ? En principe, les bateaux d'orpailleurs sont tenus de faire flotter, en haut du mât, un drapeau rouge, garant d'une autorisation gouvernementale en bonne et due forme. Ici, la soif de l'or tourne parfois à la fièvre. Et il n'est pas rare que des rixes opposent des aventuriers têtus et sans scrupules.

Ci-contre, une ravissante Birmane au corps gracile se dépêche de faire sa lessive avant la prochaine averse. En pleine saison des pluies, les Birmans doivent sans cesse s'adapter à une nature impétueuse et jaillissante. De nombreux autochtones vivent à bord de leur bateau, souvent d'une propreté irréprochable. Quand l'un des ferries qui croisent sur l'Irrawaday passe, agile à éviter les hauts fonds, il est salué par des dizaines de cris et gestes d'amitié. En Birmanie, le petit peuple de l'Irrawaday forme une caste à part.

Ci-dessous

La mousson ne dissuade pas le paysan et son attelage de labourer sa rizière. Ces carrés de terre inondée, trop réduits pour justifier l'emploi de tracteurs, se travaillent toujours avec des charrues primitives tirées par des bœufs ou des buffles. La terre, aérée, reprend de sa vigueur. Premier exportateur mondial de riz entre 1900 et 1962, la Birmanie a connu, depuis, un passage à vide, mais aujourd'hui les exportations dépassent le million de tonnes grâce à des rizières à grands rendements dotées d'un système d'irrigation performant. Si le riz et le bois de teck représentent l'essentiel de l'économie birmane, il ne faut pas minimiser la culture du coton, de la canne à sucre, du caoutchouc, du thé, de la jute, et l'exploitation de bois aux qualités précieuses tels que le *padauk* (merisier), ou le *bois de fer,* pratiquement imputrescible.

Page de droite, damier formé par les rizières rattachées à un village verdoyant de la plaine birmane. Les villageoises, méthodiquement disposées en ligne, repiquent une à une les pousses de riz vertes qu'elles ont prélevées dans un «carré» d'une des rizières. Ce travail, harassant, oblige les malheureuses à la station penchée durant des heures, et provoque courbatures et rhumatismes qu'onguents et massages feront heureusement disparaître.

Double page suivante, vue pittoresque sur le lac Inle, véritable ville flottante où la frontière entre terre et eau reste souvent floue. Une pagode et son stupa doré se dressent à la manière d'un phare familier devant un des célèbres marchés flottants qui tient commerce au bord du lac. On s'y rend en barque et les négociations vont bon train... au risque de faire chavirer les embarcations.

Le lac Inle se love, à près de 900 mètres d'altitude, dans une cuvette de haut plateau. On y accède en prenant l'avion pour Heho, la ville proche, puis un taxi jusqu'au lac. Vaste de ses 158 km², il ne dépasse par cinq mètres de profondeur. On perd de vue ses contours dans un foisonnement de roseaux et de jacinthes d'eau où s'érigeaient, autrefois, les maisons sur pilotis des riverains.

Page de gauche

Une somptueuse pagode méticuleusement entretenue et pieusement dorée au fil des siècles par des milliers de fidèles. Ici, comme partout en Birmanie, la ferveur populaire s'exprime au quotidien. Bouddhisme et vie lacustre se complètent à merveille.

Ci-contre, figés dans la pierre, la poussière et le temps passé comme autant de guetteurs ombrageux et muets, pagodes et stupas veillent sur le lac, à l'ombre d'un figuier géant. Cet arbre, vénéré en Birmanie, symbolise à jamais l'illumination que Bouddha ressentit alors qu'il méditait sous ses majestueuses branches.

Ci-dessus, sur le lac Inle, un pêcheur intha guette sa proie. Cette ethnie a fait sienne la vie lacustre. Se surnommant « Fils du lac », ils sont 80 000 à peupler ses rives. Parfaitement adaptés à cette drôle d'existence mi-terrestre, mi-aquatique, les Inthas forment un peuple généreux mais secret.

Ci-contre et page de gauche

Le marché flottant d'Ywama est un site célèbre et renommé sur le lac Inle. Il attire des centaines de paysans, vendeurs, acheteurs, et les transactions vont bon train. Le lac offre bien sûr la richesse de ses fonds poissonneux, mais les jardins flottants ne sont pas en reste. Constitués d'une couche d'humus épaisse d'un mètre, ces îles flottantes sont découpées et vendues au plus offrant. L'acquéreur remorque son jardin où bon lui semble, l'ancre au fond du lac à l'aide de longs bambous, et peut alors exploiter son lopin. On cultive volontiers aubergines, tomates, choux, haricots, pois, piments.

Ci-dessous, sur la route qui relie Rangoon, la capitale birmane, à Heho, la ville d'accès au lac Inle, un voyageur solitaire, sa houe à l'épaule. Est-il triste, joyeux ? Paysan, journalier ? Sous la mousson qui tisse de plomb et d'argent une luxuriante végétation autour de lui, l'homme suit son chemin et sa destinée.

Ci-dessous

Moines et fidèles se rassemblent sur les marches de la pagode Shwedagon, à Rangoon. Unis dans une même ferveur bouddhique, protégés du soleil ardent par de rouges ombrelles, ils attendent sans impatience et se pressent sans hâte au fil des heures. Les mains chargées d'offrandes, ils honorent Bouddha, bien sûr, mais aussi ces divinités familières qu'on appelle les *nats*. En Birmanie, le plus petit village possède sa pagode, et l'on s'y réunit en famille, en amoureux, on y dresse le couvert pour un pique-nique de printemps, on vient s'y amuser avec ses enfants. Les vieilles pierres font écho aux rires et aux cris des tout petits. Chacun est heureux, chacun puise en ces racines à la fois profanes et sacrées de la Birmanie millénaire une énergie nouvelle.

Page de gauche, la pagode Shwedagon dans toute sa splendeur. Bâtie sur une colline dominant Rangoon, la Shwedagon impressionne depuis ses fondations jusqu'à la flèche ultime de son stupa doré haut de cent mètres. Sanctuaire bouddhiste par excellence, on vient la visiter de tout le pays, et bien sûr d'ailleurs. Au sommet de cette montagne de ferveur birmane, 5 448 diamants et 2 317 pierres précieuses resplendissent au soleil. Plusieurs fois endommagée, la Shwedagon fut restaurée au XVIIIe siècle. Sa plus grosse cloche, la *Maha Gandha,* pèse 23 tonnes. Moines et Birmans de toutes origines, posant en rang d'oignon, se réjouissent de déposer leurs offrandes en ces lieux vénérables.

Double page précédente

L'insolite et huppé restaurant Karaweik, bâti dans les années 70. Reproduction en brique et en béton du mythique oiseau aquatique *karaweik,* il ne flotte pas même s'il semble amarré à la rive orientale du lac Royal, à Rangoon. La légende affirme que le *karaweik* portait, sur son dos, une gigantesque pagode à plusieurs étages. Un dîner composé de spécialités birmanes, dégusté en ce lieu étrange, fixe l'apogée d'un séjour en Birmanie.

Page de gauche, paysage idyllique et soleil couchant sur la mer d'Andaman. De longues plages de sable fin et blanc, des cocotiers majestueux bordent interminablement cette mer douce et sensuelle aux relents polynésiens. On peut s'y baigner des heures, sans être dérangé par quiconque. Le calme règne et la plénitude gagne les cœurs. Bouddha, bien sûr, ne perd pas ses droits sur le littoral, mais déjà, la Birmanie s'éveille aux plaisirs occidentaux. A visiter et à goûter avant le grand boom touristique.

Ci-dessous, dans une aube rougeoyant des premiers feux du soleil, quelques pêcheurs de l'archipel de Myeik remontent lignes et filets. Cette région de terre et de mer agite la farandole de ses 800 îles sur fond azur. Là vivent les *Salon,* qu'on surnomme les nomades de la mer, et qui, longtemps, furent de redoutables et cruels pirates. Ce peuple aguerri aux violences maritimes vit à bord d'embarcations primitives, et se déplace au gré de ses besoins ou de ses envies. Chaque chef de famille connaît par cœur les milliers d'anses, criques, lagons, baies, calanques constituant le relief crénelé de cet archipel magique.

BIRMANIE DORÉE

Hérissée de brillances vertigineuses, tendant les têtes dorées de ses pagodes vers un ciel entrouvert sur les paroles du Bouddha, la Birmanie est religieuse. L'erreur serait, pour l'Occident prompt à confondre ferveur et idolâtrie, de la croire mystique, alors qu'elle est imprégnée de sacré. En Birmanie, le peuple s'absorbe et s'oublie lui-même dans mille gestes plus affectueux que religieux, les yeux levés sur des mondes de hauteur qui ont dépassé depuis longtemps les dérisoires impermanences de la nature humaine. Quand un Birman pose une feuille d'or sur un stupa, ou arrose le figuier sacré où Bouddha a reçu l'illumination, c'est moins pour acquérir le mérite qui lui permettra d'abréger le cycle des réincarnations que pour adresser un tendre et fervent message à ceux dont il sent le regard brûlant en chaque pierre, en chaque ornement.

Le bouddhisme birman est un cas particulier dans le vaste monde de cette croyance et même si le sol de cette terre aux peuples contrastés accueille bien d'autres religions – du christianisme au chamanisme – le culte du Bouddha prédomine. Ici, sa sagesse et sa grâce souriante se sont installées sans effaroucher les vieilles divinités panthéistes. Émanation du theravâda ou hînayâna («Voie des Aînés»), proche de l'enseignement originel du Bouddha, le bouddhisme birman a trouvé sa place dans un terreau spirituel composé de l'animisme des tribus des collines et de l'hindouisme brahmanique des premiers commerçants de la contrée.

Sur la vaste scène théâtrale où se jouent chaque jour les vies du Bouddha, les aventures des nats mutins et protecteurs ont aussi droit de cité. L'un cohabite avec les autres, bienveillant dans son éternelle patience pour ces petits génies grouillants, industrieux. À leurs facéties et leurs chausse-trappes s'oppose sa ronde bonhommie et sa sagesse imperturbable. Les nats, au nombre de trente-sept, sont des esprits morts de façon violente, des fantômes hostiles ou chaleureux qui empiètent sans vergogne sur la vie des hommes. De nos jours encore, il est de coutume d'organiser de grandes fêtes en leur honneur. Lors de ces cérémonies où le profane embrasse le sacré dans une liesse débridée, des possédés, qualifiés d'«épouses des nats» laissent en eux glisser l'esprit du génie.

On peut s'interroger sur ces pratiques et se demander si elles sont compatibles avec la règle bouddhiste, mais ce serait méconnaître le ferment essentiel de la religion birmane : la figure du Bouddha lui-même. Car, qu'on ne s'y trompe pas, Bouddha tolère seulement les nats, et s'il accepte ces trublions turbulents, c'est bien parce qu'ils lui sont soumis. Témoins de cette féodalité des nats à Bouddha, les statues réunies autour de la fameuse pagode Shwezigon à Pagan savent bien qui est le maître. Et dominant avec calme ce panthéon de génies bavards, Bouddha sourit mais n'en pense pas moins.

Le bouddhisme birman traduit sa différence par sa nature peu collectiviste. Le theravadisme est également opposé au fait que l'étude et le commentaire de la vie de Bouddha soient interprétés comme mérite et se veut avant tout une doctrine attachée au salut individuel.

Selon les croyances birmanes, le mont Neru, ceint par quatre îles placées aux quatre points cardinaux, serait le centre du monde. Sous ce mont, trente et un mondes coexistent, eux-mêmes répartis en trois mondes majeurs : les onze mondes de Kama-Loka, royaume du monde sensible, les seize mondes de Rupa-Loka, siège de la matérialité supérieure, et les quatre mondes d'Arupa-Loka où règne l'immatérialité. Curieusement, face à cette représentation fractale, le cosmos s'impose comme un tout synthétique de la multitude. L'homme, les animaux, les génies, les démons et les dieux sont un tout en constante mutation; chacun étant le maillon d'une chaîne géante en devenir incessant. Une chaîne qui ne commence ni ne finit mais se perpétue inlassablement comme un symbole du transitoire.

Les moines ou *pongyis* («grandes gloires») sont autant de rappels de cette impermanence. Cheminant sans mot dire, sanglés dans leurs longues robes orangées, ces hommes au crâne rasé déambulent dans les villes et les villages. Les femmes, debout sur le pas de leurs portes, remplissent sans les effleurer les sébilles tendues. C'est l'immuable rituel qui, autour des moines contraints de mendier pour quêter leur nourriture et de la

population laïque encline à la générosité plus encore qu'au respect religieux, unit monde profane et sacré par un lien ténu et quotidien. Ce lien est d'autant plus symbolique que, si les Birmans dans leur grande majorité ont adopté un bouddhisme nourri d'anciens cultes, les moines restent les tenants de la stricte observance des 277 règles, les symboles du détachement prôné par Bouddha. Tout Birman se doit au moins une fois dans sa vie d'avoir été moine, un engagement qu'il est libre de rompre dès qu'il le souhaite mais qui est vécu à chaque fois comme un honneur inestimable. Dans le peuple birman, un homme n'est vraiment considéré comme tel que s'il a été ordonné. C'est lors d'une fête fastueuse où, paré de somptueux atours, il rejoue des scènes de la vie de Siddhartha – le dernier Bouddha qui abandonna sa vie de luxe pour se consacrer à sa foi –, que le jeune novice entre dans sa vie d'adulte. Quelques jours plus tard, afin de symboliser son renoncement au monde, le jeune garçon aura les sourcils et les cheveux rasés. Et c'est le visage empli de cette nudité qui rappelle celle de l'âme qu'il entrera dans l'âge adulte.

Dans la population, le *theravada* n'oblige personne à un véritable culte. Trois prières seulement sont à réciter chaque jour, ce sont les Trois Joyaux qui disent : « Je cherche refuge en Bouddha. Je cherche refuge dans le *dharma* (la loi du Bouddha). Je cherche refuge dans la *sangha* (communauté monastique). » Refuge... Le mot est dit. Bouddha est protection, Bouddha est rempart contre le mal.

Le voyageur troublé se prend à penser parfois qu'il rêve, tant le pays semble inchangé depuis les voyages de Kipling qui en 1889 s'exclamait dans ses *Lettres d'Orient* : « Voici la Birmanie, pays qu'aucun autre ne peut égaler ! » Ces deux mille pagodes muettes éparpillées sur la seule plaine de Pagan, comme si un enfant géant et capricieux les avait posées là pour son seul plaisir et s'en était reparti depuis, boudeur, vers d'autres jouets, sont telles qu'on les découvre dans les pages de l'auteur britannique. Ne les dirait-on pas irréelles, images de pierre d'un esprit parfumé, matérialisation abrupte d'un sourire évanescent ? Et comment ne pas rester interdit devant le « Rocher doré » de la pagode Kyaiktiyo qui tient miraculeusement en équilibre sur le bord d'une falaise, comme un défi permanent au chaos, parce que la pagode renferme, dit-on, un cheveu du Bouddha ?

S'il devait exister un monde capable de faire l'exacte synthèse entre univers divin et monde des hommes, la Birmanie serait cet espace-là, car en cette terre où un seul cheveu brise les lois de la pesanteur, les dieux ont leur demeure et vivent au milieu des hommes. Le mont Popa (un nom qui en sanskrit signifie «fleur»), protubérance inattendue sur la plaine nue de Myingan, est à l'instar du mont Olympe des Grecs anciens la résidence des *nats Mahagiri*. Sept siècles durant, les rois birmans se rendirent ici en pèlerinage afin de questionner les nats sur la destinée de leur règne. Quant aux demeures de Bouddha, elles sont partout où cette céleste figure a éparpillé son corps divin. L'ubiquité bouddhiste tient non seulement à la présence invisible du Bouddha mais aussi à cet étonnant parcours de reliques que chaque *stupa* (autel et monument reliquaire) abrite. Un cheveu, une dent, un os sont autant de joyaux, autant de repères dessinant à l'envi le parcours du Bouddha. Des flancs dorés de la pagode Shwezigon, le plus immense *stupa* de Pagan, décrite en 1586 par Ralph Fitch comme « le plus bel endroit qui puisse exister au monde », aux monuments indianisants en forme inattendue de cylindre de la région de Sri Ksetra, il n'est pas une ville, pas un village qui ne raconte l'histoire du Bouddha et ne proclame sa toute-puissance.

On serait tenté de trouver bien de la naïveté dans la manifestation de cette foi, mais s'il plaît au peuple birman d'user d'images puisées à un imaginaire enfantin, c'est aussi parce qu'il goûte l'impermanence de la vie comme il s'agit de le faire : avec un humour mêlé de détachement. S'il accumule les mérites – construire une pagode étant le plus important d'entre eux –, ce n'est pas pour thésauriser en vue du nirvana, c'est plus modestement pour se garantir une petite place au soleil dans une prochaine vie. C'est aussi tout simplement pour remercier le Bouddha. On couvre de feuilles d'or sa silhouette dodue comme on couvrirait le corps de l'être aimé d'une étoffe pour le réchauffer, on apporte des fleurs à un nat comme on en apporterait à un hôte bienveillant. Dans cette multitude de désirs individuels tendant vers une accumulation de mérites, n'y-a-t-il pas aussi la secrète étreinte d'un peuple uni malgré les épreuves autour de la certitude qu'ici-bas rien ne dure ?

Mirage ou vision en devenir ? Si la Birmanie n'est pas un rêve de carte postale, elle pourrait bien être un fantasme d'écrivain, un songe de poète, un rêve de fou aveugle aux yeux brûlés de lumière scintillante. Les bouddhistes birmans ne le savent-ils pas, eux qui la nomment « Terre dorée »...

Double page précédente

Sur le parvis de la pagode Shwedagon de Rangoon, fidèles, moines, passants, touristes se croisent avec humanité et respect mutuel. Des années-lumière séparent, en apparence, le moine plein de sagesse et le touriste plein de dollars, mais Bouddha les englobe dans un même amour compréhensif où l'idée même de mal et de souffrance n'a plus cours.

Page de gauche, femmes en prière à Shwedagon.

Ci-contre, danseuse céleste birmane au cœur de la pagode Shwezigon, à Pagan. Des centaines de moines font quotidiennement appel à la générosité des fidèles. Chacun est libre de remplir son bol de riz ou d'autre nourriture. Le visiteur est toujours émerveillé par le contraste entre ces moines humbles, dépouillés, détachés de toute richesse terrestre, et la magnificence du dôme de Shwezigon, lourd de centaines de kilos d'or laminé et posé au fil des ans. Cette pagode est un des principaux centres de méditation et de prière du bouddhisme theravada, ou *petit véhicule,* typiquement birman.

Ci-dessous, dans la Shwedagon de Rangoon, effigies à l'identique de Bouddha. Chaque branche du bouddhisme reflète la culture, les préoccupations, les règles artistiques d'un peuple, d'une région. Il y a loin entre les Bouddhas khmers taillés dans la pierre, et ces souriantes effigies qui disent la joie de vivre des Birmans.

Double page précédente

A Shwedagon, deux stupas dorés magnifiquement ciselés s'offrent à l'admiration des visiteurs. Des milliers d'heures de travail ont été nécessaires pour obtenir ce résultat. Loin de représenter un attachement malsain au métal précieux, la valeur que chaque Birman attribue à l'or est signe de piété. C'est pour rendre grâces à Bouddha et aux bienfaits de son enseignement qu'on cherche à l'honorer avec une matière noble au caractère inaltérable. Peut-on imaginer des pagodes aux stupas couverts de plomb ou de zinc ? Impensable, bien sûr...

Ci-dessus, à gauche, un Bouddha serein, de la Shwedagon, recueilli et mystique, dans son cadre d'or aux hallucinantes ciselures. Représenté des centaines de milliers de fois depuis des siècles et des siècles, Gautama, le Bouddha, est le père spirituel de cet attachant pays à la population pieuse et sincère. Il dort, il pense, il rêve, en tout cas chaque visiteur emporte un peu de sa sagesse.

Ci-dessus, à droite, abrité par une ombrelle rituelle dorée, le Bouddha, encore et toujours, se recueille entre deux stupas scintillants. La légende précise que la pagode Shwedagon aurait été bâtie à l'époque même de Bouddha, en reconnaissance des bienfaits qu'il distribuait si généreusement à tous. Conçue comme un immense vaisseau hérissé de stupas en guise de mâts, de toits gonflés comme des voiles, la pagode est édifiée sur une colline sacrée entre toutes, puisque huit cheveux de Bouddha y sont enfouis à jamais.

Page de droite, un jeune Birman de Pyinmana revêtu de ses habits de cérémonie, et coiffé d'une tiare rituelle, va subir les épreuves du *shin-pyu* marquant son entrée dans le bouddhisme. Au cours de cette cérémonie, les bonzes de la *shanga,* la communauté des religieux, lui raseront la tête. Chaque Birman est initié à la vie monacale au moins une fois dans sa vie.

Ci-contre

A la pagode Shwezigon de Pagan, des nonnes birmanes se destinant à servir Bouddha. On les reconnaît facilement à leur robe rose et à leur crâne rasé. Au premier plan, un *chinthe,* cet animal mythologique mi-lion, mi-griffon, qui protège l'entrée des pagodes. Bien que la femme soit l'égale de l'homme dans certains domaines, elle ne jouit pas encore d'un statut religieux à part entière. Moins considérée qu'un bonze ou qu'un moine, sa présence n'est que tolérée dans certains lieux sacrés.

Ci-dessous, à l'ombre d'une galerie, de jeunes novices tiennent précieusement leurs bols à aumônes. Selon la règle bouddhique, le moine ne peut posséder que neuf objets : trois robes, un rasoir, une aiguille à coudre, un récipient à eau, un éventail, une ceinture, et un bol à aumônes. Sa période d'initiation achevée, le novice peut quitter la *shanga* provisoirement ou définitivement. Le bouddhisme, philosophie de la tolérance, sait garder la porte ouverte.

Ci-contre et ci-dessous

Hommes de chair et pagodes dorées se mêlent dans une communion subtile. Aujourd'hui, on compte 800 000 moines en Birmanie. La plupart d'entre eux sont des novices, ou bien des étudiants qui déchiffrent patiemment les livres sacrés relatant les différentes vies de Bouddha. Nombre d'entre eux décident de quitter la vie monacale, car se soumettre pour toujours aux 227 règles de la *shanga,* la loi communautaire des moines, n'est pas chose aisée. En fait, c'est dans la pratique populaire que le bouddhisme trouve sa plus juste expression. Chaque Birman, riche ou pauvre, rêve d'édifier sa pagode à la gloire de Bouddha, et ainsi d'acquérir des *mérites* qui lui permettront de gravir plus tôt les marches menant au nirvana. Dans le cas contraire, il lui faut se réincarner un nombre incalculable de fois et donc s'exposer et subir la souffrance liée à la vie.

Double page précédente

La pagode Shwezigon de Pagan. Monument à nul autre pareil, mélange insolite de kitsch et de sacré, son dôme imposant, lourd d'or et de temps, abrite le plus grand reliquaire de Birmanie. Là, en ces murs, derrière des armées de *chinthe,* de bouddhas sculptés, de ces divinités populaires qu'on appelle *nats,* reposent éternellement des fragments du vrai Bouddha, entre autres sa clavicule et son os frontal. Cette proximité sacrée renforce méditations et prières. Moines et fidèles se pressent par dizaines de milliers dans cette glorieuse pagode.

Page de gauche, dominant Rangoon de sa splendeur dorée, le dôme de la pagode Shwedagon.

Ci-dessus et ci-contre, l'intérieur de la pagode Shwedagon à Rangoon. Les fidèles méditent et prient, les Bouddhas veillent. Dehors, un *chinthe* menaçant monte la garde. Véritable symbole de la force et de la puissance sans limites de Bouddha, il n'effraie pas ceux qui ont le cœur pur.

BIRMANIE DES HOMMES

S'il est un mot qui illustre la composition de la population birmane, il s'agit bien de « mosaïque », tant il apparaît que ce vaste pays, formé d'une multitude d'ethnies différenciées, présente non pas un unique sourire mais plusieurs visages. On ne s'étendra pas ici sur les rapports ardus qu'entretiennent ces divers groupes de population mais il est essentiel d'avoir clair à l'esprit qu'une telle disparité ne va pas sans créer des problèmes loin d'être résolus.

Politiquement, la Birmanie est une union d'États. Derrière cette idée, se profile l'ombre disproportionnée d'une réunification hétéroclite, d'une fédération de mini-États disparates que rien n'unit vraiment sinon une hostilité plus ou moins ouverte envers la race birmane qui compose 75 % de la population et concentre l'essentiel des richesses locales. Une domination d'autant plus malaisée que, regroupés au centre du territoire, les Birmans sont littéralement encerclés par les autres ethnies au nombre impressionnant de soixante-sept. Hérité du gouvernement colonial britannique, ce système de division entre les peuples montre constamment ses limites, même si les affrontements à proprement parler ont à peu près disparu pour céder la place à une cohabitation basée sur l'extrême cloisonnement de chaque groupe. Il est bien difficile en effet d'imaginer une symbiose possible quand on sait que les populations vivant en Birmanie recensent à elles seules près de deux cent cinquante langues et dialectes !

Cette diversité composite prend naissance dans les fondations de la population et remonte aux premiers peuplements préhistoriques. Les premiers habitants connus, des proto-australoïdes vivant dans des abris rocheux ont disparu sans descendance birmane et l'on pense qu'ils se retrouvent plutôt dans l'actuelle Indonésie. Après eux, la Birmanie a connu trois vagues de peuplement successives : celle des Môns-Khmers, des Tibéto-Birmans puis des Chans (appelés Thaïs en d'autres contrées). Au fil des siècles, les Birmans, majoritairement bouddhistes, ont fini par imposer leur domination et occupent aujourd'hui les postes clefs de la société.

Leur hégémonie a pourtant longtemps été disputée par les Môns, autrefois groupe dominant sur le territoire et finalement supplanté. Les Môns qui vivent dans les environs de Moulmein et de Pegu, sont actuellement un million et leur culture s'est mêlée à celle des Birmans. Inventifs riziculteurs tirant parti avec habileté des terres inondables où ils récoltent aussi ignames, ananas et canne à sucre, ce sont aussi de redoutables pêcheurs et des chasseurs d'oiseaux réputés. Bouddhistes fervents, ils suivent avec rigueur les principes d'un theravadisme sévère. Au nord de l'État môn, au cœur du territoire des Chans, on trouve d'autres Môns appelés les Palaungs. Contrairement à leurs cousins du sud, ils vivent dans les collines, pratiquent une culture rizicole par irrigation et sont de grands producteurs de thé. Bouddhistes convaincus, comme chez les Birmans, cette croyance s'assortit d'un culte des nats très vivace. Dans leurs villages ceints de palissades, on trouve un nombre considérable de sanctuaires dédiés à ces génies protecteurs.

Le langage de l'ensemble des Môns est le môn-khmer, mais ils ne sont pas les seuls à le parler. Les Padaungs et les Was en utilisent un dérivé proche, un point commun qui ne laisse pas de surprendre le voyageur car on ne saurait trouver plus éloignés que ces différents groupes ethniques. Les Padaungs notamment sont un peuple des plus fascinants. Dotés de puissantes traditions, ils sont, depuis les premiers voyages d'Européens dans la contrée, un constant sujet d'émerveillement. Non loin de Loikaw, capitale de l'État kayah, ils sont sept mille à vivre en groupe soudé. Leur «célébrité» à l'extérieur des frontières birmanes a été abondamment exportée à travers l'image complaisamment diffusée de leurs fameuses «femmes-girafes» (*Padaung* signifie d'ailleurs «long cou»). Ces femmes, au cou et aux membres enserrés de bracelets, toujours somptueusement parées de tenues de couleurs vives, fascinent l'Occident. Vers l'âge de cinq ou six ans, les petites filles padaung reçoivent leurs premiers anneaux de laiton autour du cou, des bras, des jambes et des chevilles et chaque année de nouveaux bracelets sont ajoutés par le *bedin-saya* (le sorcier du village). Contrairement à ce qu'on a longtemps cru, leur cou ne s'allonge pas vraiment, ce sont les clavicules et les omoplates qui sont poussées vers le bas, provoquant un affaissement renforçant l'illusion de ces cous démesurés. Autrefois, on punissait l'adultère par l'enlèvement

des anneaux, provoquant ainsi la mort des belles infidèles. On ne connaît pas l'origine de cette tradition mais on avance parfois qu'il s'agissait ancestralement de se protéger contre les morsures de tigre, hypothèse relayée par celle qui consiste à penser que ces anneaux avaient une valeur dissuasive pour les autres tribus pratiquant les rapts d'esclaves. Survivance du passé, cette coutume a fait l'objet de décrets d'interdiction de la part du gouvernement, mais les Padaungs continuent à la perpétuer au cours de fêtes villageoises millénaires. Curieusement, les femmes de la tribu ne paraissent pas en souffrir et ces bracelets, assortis à leurs vêtements somptueux, constituent une forme d'ornement qu'il faut se garder de condamner trop vite.

Autre groupe de population môn-khmer, les trois cent mille Was qui vivent de part et d'autre de la frontière nord-est de la Chine sont porteurs de traditions qui leur ont permis d'entrer dans la légende nantis d'une image redoutable. Jusqu'en 1940, ces guerriers puissants étaient connus comme de redoutés réducteurs de têtes, ces effrayants trophées servant d'offrandes dévolues à leurs divinités. Dans les années 60, ces agriculteurs pratiquant traditionnellement la culture sur brûlis, confrontés à de graves problèmes de subsistance, se rendirent célèbres en organisant un lucratif trafic d'opium dans le Triangle d'Or. L'histoire du peuple farouche des Was est sans doute la plus mouvementée de toutes les tribus du territoire birman. À la fin de la Seconde Guerre mondiale, alors que la Chine était devenue communiste, ils furent sollicités de toute part. Nationalistes chinois du Kuomintang cherchant à fuir, agents de la CIA et même rebelles communistes birmans tentèrent tous de les utiliser. Les uns les recrutèrent dans des groupes anticommunistes chargés d'attaques risquées, tandis que les autres achetaient leur opium pour financer la guerre du Viêt-nam ou les recrutait avec l'aide de la Chine pour renverser le gouvernement de Rangoon. Si le Kuomintang s'est retiré et que la Chine populaire ne soutient plus les partis communistes de l'Asie du Sud-Est contre les gouvernements en place, la contrebande des «larmes de pavot» a survécu, rendant cette région difficile d'accès.

Proche des Was à bien des égards, l'État chan compte un nombre de représentants bien supérieur puisqu'on recense plus de deux millions de Chans en Birmanie. Cousine de Siam et d'Assam (la similitude phonétique l'atteste partiellement), la tribu chan doit son installation sur le territoire birman à une importante migration vers le sud. Enclins à réclamer l'indépendance, les Chans portent bien leur nom de «peuple libre». Du XVe siècle jusqu'en 1959, la tribu chan fut organisée en petits États féodaux sur lesquels régnèrent trente-quatre *sawbwa* (princes héréditaires) dont l'Union birmane avait reconnu l'existence dès 1948 en leur accordant le droit de s'en séparer au bout de dix ans. Mais cette scission n'eut jamais lieu et en 1959, les princes, au terme d'un accord financier avec le gouvernement, acceptèrent de renoncer à leurs droits et privilèges héréditaires. Cela n'empêcha pas certains d'entre eux de former aussitôt une armée pour l'indépendance de leurs territoires et de s'engager dans une lutte qui ne tourna pas à leur avantage. Quoique vaincus depuis 1968, ils ont été remplacés par un autre groupe rebelle qui contrôle la frontière thaïlandaise et aurait la haute main sur le trafic d'opium. Néanmoins, faute de soutien réel au sein de la population, aucune rébellion sérieuse n'a jamais été tentée. Contrairement aux autres tribus des montagnes animistes, les Chans sont majoritairement bouddhistes et chacun de leurs villages est doté de pagodes, temples et monastères. Mais à l'instar des Birmans, ils cultivent des rapports étroits avec les nats et d'autres divinités moins orthodoxes qu'ils consultent quand ils ont un problème de santé. On a pu dire en manière de plaisanterie que, quand ils sont bien portants, les Chans sont bouddhistes mais qu'ils deviennent animistes quand ils sont malades ! Dotés d'une économie prospère, les premiers producteurs de fleurs, fruits et légumes du pays, grâce à la maîtrise des techniques d'irrigation, ont transformé leurs vallées en de judicieuses terres cultivables. Coiffés de turbans aujourd'hui mués en simples serviettes éponge enroulées avec soin, les hommes chans arborent de larges pantalons de toile sombre ceinturés par de savants drapés que l'on nomme «pantalons chans». Jusqu'à l'âge de quatorze ans, les jeunes filles portent une blouse et un pantalon avant de choisir des jupes plus colorées puis d'adopter à partir de la quarantaine des tenues noires qu'elles gardent jusqu'à la fin de leur vie. Déroutant et attachant, le peuple fier des Chans cultive une austérité qui contraste avec l'image uniformément riante que l'on se fait de la Birmanie.

À l'intérieur du groupe linguistique des Tibéto-Birmans, la tribu des Karens compte trois millions de représentants qui vivent dis-

ARSH

persés en terre birmane. Un tiers d'entre eux vit dans le Kawthuloy, enclave dans la région chan, tandis que les autres sont implantés dans le bassin de l'Irrawady dans l'État Môn, le Tessanarim et dans l'État Kayah où on les surnomme les Karens rouges. Complexité des ethnies birmanes, eux-mêmes se divisent en trois groupes : les Pwos, qui vivent dans les deltas et les basses terres, les Sgaws, parmi lesquels on distingue encore les Pa-Os et les Pa Kus, ou Karens blancs, et les Bwes, qui regroupent les Karens rouges et les Karens noirs. Les Pwos qui habitent la plaine de l'Irrawady sont les plus assimilés à la société birmane et leurs us s'inspirent des leurs. Comme eux, ils vivent dans de petites maisons de bois et sont d'habiles riziculteurs en zone inondable. À l'opposé, les Sgaws vivent en marge et comptent dans leurs rangs de nombreux rebelles. Cruellement touché par la sécheresse et l'appauvrissement du sol, assortis d'une explosion démographique croissante, le peuple karen de la région lutte avant tout pour sa survie précaire et ne prend guère part aux luttes politiques. À l'intérieur du groupe des Sgaws, on compte aussi deux cent mille Pa-Os installés depuis le XIe siècle à Taunggyi, enclave dans l'État chan. Dotés d'une forte identité, ils parlent encore un karen ancien et possèdent une écriture qui leur demeure propre. Les Karens rouges, ainsi nommés parce qu'ils affectionnent cette couleur dans le choix des magnifiques tissus composant leurs tenues, sont rassemblés sur le plus petit des États birmans : l'État Kayah. Sous la domination britannique, ils ne furent jamais intégrés à la Birmanie et conservèrent leur autonomie, sous forme de plusieurs principautés féodales appelées les États karennis. Leur histoire rejoint ensuite celle des Chans et toutes leurs tentatives pour conserver l'indépendance sont étouffées. Aujourd'hui, les Karens rouges ont su tirer parti des collines où ils ont toujours vécu et excellent dans la culture des légumes, du millet et du riz.

L'origine des Karens se perd dans la nuit étoilée de temps aussi éloignés que des songes et donne lieu à des légendes passionnées. On dit ainsi que ce peuple tire ses origines du désert de Gobi, en Mongolie, où il vivait voici quatre mille cinq cents ans et qu'au cours de sa migration il aurait perdu un livre des Saintes Écritures dans la Rivière de sable du désert. Toujours selon la légende, Y-We, la puissance créatrice, leur aurait alors annoncé que ce livre leur serait rendu un jour par un frère blanc. Rien d'étonnant, donc, à constater aujourd'hui que les Karens, forts de cette croyance en leurs ancestrales légendes, soient la plus forte communauté chrétienne du pays. Si l'on y regarde de plus près, la similitude entre l'ancien Y-We des Karens et le Yaweh des Hébreux n'est-elle pas matière à de fécondes interrogations ?

Au nord du pays, l'État kachin s'étend avec majesté le long d'un vaste paysage montagneux et abrite un grand nombre de tribus. Au fil de ce relief escarpé, les Jinghpaws, Chans, Birmans, Marus et Lashis côtoient sans répartition particulière les Azis, Lisus, Rawangs, Tailiamis et autres Tailons et Kanangs. Même si le terme kachin semble être appliqué à toutes les populations vivant en cette contrée, seuls les Jinghpaws sont des véritables Kachins. Accoutumés à vivre dans les hauteurs, ce peuple possède des structures sociales et économiques proches de celles des populations installées dans les vallées. Produisant en alternance du riz, du sarrasin, du millet et de l'orge, ils aménagent des cultures en terrasses dont la beauté géométrique frappe dans ces paysages d'âpres montagnes. À l'instar de nombreux peuples des sommets, ils sont animistes et révèrent un panthéon de divinités qui règnent en maîtres redoutés sur les vivants. Sorcellerie, magie, toute-puissance des chamans rythment un quotidien où liens de parenté, sens du clan et hérédité prédominent.

Autre peuple montagnard, les Nâgâs sont environ quatre cent mille et possèdent leur propre état dans le Nord-Ouest du pays. S'ils sont aujourd'hui de paisibles agriculteurs, ils eurent autrefois la réputation de chasseurs de têtes redoutables. Leur mode de vie a peu changé au fil des siècles et ils vivent repliés sur eux-mêmes au gré d'une organisation demeurée traditionnelle.

Les Chins sont sans doute les moins connus des peuples de Birmanie mais on retrouve leurs représentants en Inde et au Bangladesh. En terre birmane, ils sont trois cent mille et se sont regroupés en majorité dans l'État chin et entre le Yoma arakanais et la division de Magwe. Il suffit pour se donner une idée de leurs particularismes internes d'évoquer les quarante-quatre dialectes différents qu'ils pratiquent. Tous perpétuent un animisme puissant. Les Chins du Nord sont d'excellents agriculteurs, construisent de solides habitations de bois et ont façonné un système social très hiérarchisé. Leurs frères du Sud organisés différemment, s'adonnent surtout à la riziculture et vivent dans des maisons de bambou et rotin qu'ils ont coutume de déplacer.

C'est au XVIIIe siècle que l'Arakanais, habité par une population d'origine tibéto-birmane, a été annexé à la Birmanie et depuis cette époque les problèmes entre les deux voisins n'ont fait que s'intensifier. La vieille histoire birmane qui dit : «Si vous rencontrez au même moment un Arakanais et un serpent, tuez l'homme d'abord...» est à cet égard significative des rapports houleux entre les deux peuples. Contrairement à la Birmanie, l'Arakanais, grâce à sa position côtière, a toujours été en contact avec l'extérieur, notamment avec les marchands et les marins indiens qui longent depuis des siècles ses côtes poissonneuses. Les Arakanais aiment cultiver leur isolement et n'ont que peu de contacts avec les autres tribus birmanes. Leur réseau routier réduit à sa plus simple expression est d'ailleurs l'un des moyens les plus sûrs de s'en préserver et fleuves, canaux et ruisseaux sont de commodes alternatives pour se déplacer et commercer entre eux. La plupart des Arakanais pratiquent le bouddhisme avec ferveur, mais dans la capitale Akvab et sur la côte nord se rencontrent des musulmans, descendants des Bengalis venus en Arakan pendant la période coloniale. Les deux communautés ont peu de rapports entre elles. Bon nombre de musulmans vivent de la pêche, tandis que les bouddhistes, refusant d'ôter la vie, pratiquent d'autres activités.

Autre communauté poussée par la dureté des événements à s'exiler en Birmanie, et dont la prospérité s'y est épanouie de façon éblouissante : les Chinois qui sont aujourd'hui plus de cinq cent mille dans le pays. Si l'on remonte le temps, la présence chinoise en Birmanie n'est pas récente. Depuis des millénaires, en effet, les Chinois ont emprunté les routes commerciales pour se diriger vers le nord-est et certains d'entre eux se sont arrêtés en route, donnant naissance à une descendance vivant aujourd'hui en haute Birmanie. Un des groupes importants de Chinois de Birmanie, qui ont franchi le Yunnan à l'époque de la domination britannique, sont les Chan Tayok ou Chans chinois. Mais la plupart des autres représentants de ce peuple ont atteint la Birmanie par la mer à l'époque coloniale. Tous, au prix d'une activité sans relâche, ont admirablement réussi. La plupart d'entre eux, restaurateurs et commerçants prospères, n'ont de cesse d'envoyer leurs enfants dans des écoles occidentales et de leur faire suivre des études poussées, ce qui est loin d'être le cas de la majorité des populations birmanes.

Si l'histoire des Indiens de Birmanie est aussi une longue histoire, puisqu'on date leur première vague d'immigration à plus de deux mille ans, elle est loin de se terminer aussi bien que celle des Chinois. C'est à partir de la période coloniale que les premiers Indiens pénétrèrent en Birmanie. En 1939, 58 % de la population de Rangoon était indienne, et sur l'ensemble du territoire, les émigrants, dont le nombre dépassait le million d'individus, se groupaient en trois catégories distinctes aux modes de vie inégaux. Privilégiés, les membres instruits de la communauté occupaient de hauts postes au sein de l'administration coloniale ou dirigeaient les affaires commerciales. Les paysans sans formation ni qualification spécifique servaient quant à eux de main-d'œuvre bon marché au gouvernement colonial très préoccupé de doter le pays de routes et de chemins de fer pratiquement inexistants à cette époque. La troisième frange de cette population indienne était composée par les chettyars, usuriers cousus d'or qui rachetèrent plus de la moitié des terres cultivables du delta de l'Irrawady. Chassés par l'occupation japonaise, ils furent nombreux à retourner en Inde en abandonnant leurs biens mais certains d'entre eux choisirent de rester malgré tout. Ces derniers durent ensuite affronter les réformes agraires sévères de l'Union birmane et une vague de nationalisations qui eut raison de leur fortune et poussa la plupart d'entre eux à fuir. Aujourd'hui, ce temps est bien révolu. Les cinq cent mille Indiens vivant en terre birmane connaissent les affres de la misère et n'ont guère d'autre possibilité que de survivre en accomplissant les travaux les plus ingrats. S'ils sont nés en Birmanie, ils embrassent la religion musulmane; s'ils sont natifs des Indes, ils restent hindouistes. Ces derniers réussissent parfois à travailler dans le commerce et l'artisanat, tandis que leurs frères musulmans, se contentent souvent des tâches dédaignées par les autres.

À regarder les peuples si différents qui partagent cette vaste terre birmane, leurs modes de vie, leurs coutumes si antagonistes parfois, on serait tenté de parler non pas de la Birmanie mais des Birmanies... Cette diversité qui étonne doit avant tout être considérée sans *a priori* et avec une générosité respectueuse. Elle participe au charme entêtant de cette vaste contrée aux mille visages et aux gestes pétris de traditions millénaires. Gardons-nous de la juger et sachons l'apprécier pour ce qu'elle est : l'expression plurielle d'un peuple qui, dans sa multitude culturelle et religieuse, exprime un sens et une profondeur que peu de civilisations ont conservés.

OK

Page de gauche

Une échoppe à Bago, lieu culte où l'on vient admirer l'immense Bouddha couché, long de 55 mètres, et haut de 16 mètres. Le commerce de proximité est florissant en Birmanie. On vend, on achète ou on troque Bouddhas miniatures, poupées, effigies de *nats,* et, de plus en plus rarement, marionnettes.

Ci-dessus, une Birmane allume le traditionnel et apprécié *cheroot*. Fabriqué dans la région de Taunggyi et autour du lac Inle, ce cigare renommé a souvent un goût de vanille. Le tabac marine dans du tamarin, de la canne à sucre fondue, des bananes séchées de l'eau-de-vie. Vendu à petit prix, il est accessible à tous, et c'est pourquoi certains en font l'emblème populaire de la Birmanie.

Ci-contre, un étal de vannerie à Heho, près du lac Inle. Le tressage est une artisanat bien maîtrisé par les Birmans, qui font grand usage de ces paniers souples et solides. Suivant pas à pas les recommandations de

Bouddha, riches et moins riches préfèrent méditer, profiter de l'existence, envisager leur salut dans un ultime nirvana, plutôt qu'accumuler fortunes ou biens éphémères. Une fois vendus suffisamment de paniers, de poissons, de fruits et de légumes, paysans et paysannes s'en retourneront dans leur village pour s'y reposer et jouir d'un beau coucher de soleil.

Double page précédente

De charmantes nonnes vêtues de rose vont quêter de la nourriture au marché de Heho, près du lac Inle. Les commerçants leur donneront qui une pomme, qui un oignon. Ces générosités mesurées se répètent dix, cent, deux cents fois, et finissent par garnir abondamment leurs bols et paniers à aumônes.

Page de gauche, femme d'une des nombreuses ethnies essaimant autour de Heho et du lac Inle.

Ci-dessus, des Birmanes appartenant à différentes tribus et portant coiffe traditionnelle et bébés sur leurs dos se pressent au marché de Heho, autant pour y bavarder que pour s'y approvisionner.

Ci-dessus, cette jeune et jolie paysanne porte le chapeau de paille traditionnel qui protège du soleil et de la pluie. On le porte durant le travail en rizière, ou pour voyager d'un village à l'autre. La plupart des pays d'Asie ont adopté ce chapeau léger et bon marché.

Double page précédente

Moines et fidèles de Rangoon sont occupés à balayer et à laver le parvis de la pagode Shwedagon. Chaque jour, une commune volonté de s'acquérir des *mérites* rassemble des gens de conditions différentes. Ici, on vit le bouddhisme au quotidien et il n'est pas indigne pour un homme de manier balai ou serpillière si on le fait au service de Bouddha. La pagode doit étinceler. Des équipes de «corvée» veillent à la propreté des stupas, des Bouddhas, des *nats,* et les moindres recoins sont passés au crible.

Page de gauche, un moine aux dents d'or. Certains Birmans font également incruster rubis, diamants ou saphirs dans leurs dents frontales.

Ci-dessus, à Mandalay, vue étonnamment dépouillée d'un escalier de la pagode Kuthodaw du roi Mindon, bordé d'une succession de Bouddhas de pierre blanche. Cela tranche avec la magnificence dorée de la plupart des lieux sacrés.

Ci-contre, une danseuse céleste de style «mandalay», yeux clos et pied levé, au bord d'une extase que chacun décryptera selon son goût.

Double page précédente

Sur les berges du majestueux Irrawaday, le temps passe sans laisser de cicatrices. On se croirait à l'époque du grand Kipling, de ses épiques poésies, de sa célèbre *Route de Mandalay* où colonialisme et romance chantaient la beauté d'un peuple néanmoins asservi. Aujourd'hui comme hier, buffles, carrioles, barques et hommes sont la mémoire du fleuve et du pays.

Page de gauche, la rivière Pegu submergée par la mousson. Au loin, les stupas d'une pagode noyée, elle aussi, par la pluie de saison. En Asie, l'eau est la bénédiction du riz, le berceau nourricier du poisson. Et le tout permet à l'homme de subsister.

Ci-dessus et ci-contre, étals à poissons et brochettes de cuisses de grenouilles. On y trouve d'excellents produits que seule une main birmane saura accommoder et épicer à la perfection. Poisson, petits oignons, tomates, aubergines, petits pois, carottes, mangues, papayes, citrons verts constituent l'ordinaire des repas birmans. Le *lepeto,* feuilles de thé vert en saumure mélangées à des graines de sésame, cacahuètes, ail frit et autres ingrédients de circonstances, constitue un excellent en-cas local.

Ci-dessus

Birman marchant sur un chemin de terre, au sein d'un verdoyant paysage de mousson qui évoque le bocage normand. La *forêt de mousson* comprend, entre autres, des chênes et des châtaigniers.

Ci-dessous, transhumance quotidienne d'un petit troupeau de buffles et de bœufs. Le paysan-éleveur leur réserve des pâtures rendues grasses par l'abondance des pluies. Ces bovins n'ont pas un caractère sacré, comme en Inde, mais aucun Birman bouddhiste ne se risquerait à les mettre à mort. En général, ce sont des étrangers qui exercent les métiers de boucherie.

Page de droite, arbre, bovidés, paillote et, dans le lointain, silhouettes des monts des Kachin. A l'est, la puissante rivière Thanlwin a creusé un impressionnant canyon profond de 1 500 mètres. Magnifiquement tempérée, cette splendide région aux vallées douces et verdoyantes était, autrefois, le lieu de villégiature des colons britanniques venus respirer l'air d'altitude.

Double page précédente

L'Irrawaday, telle une divinité-serpent, ondule gracieusement au creux d'un paysage de plaine aride. La Birmanie connaît des différences climatiques importantes entre un Nord montagneux à la jungle exubérante, et un Sud plus chaud et plus sec.

Ci-dessus, insolite «rameur sur une jambe» du lac Inle. Chaque petit garçon apprend de son père, de ses oncles, comment enrouler sa cuisse autour d'une longue perche et propulser l'embarcation d'une ondulation du bassin. Ramer avec sa jambe permet au pêcheur d'avoir les mains libres.

Ci-dessous, sa barque lourdement chargée de sacs de riz, un habitant du lac Inle virevolte sur une jambe. Le commerce de proximité est extrêmement important en Birmanie et en Asie. Sans lui, l'économie de ces pays s'écroulerait. Troc, contrats «sur parole», crédits de confiance sont d'usage. Il ne faut pas oublier que la Birmanie a longtemps vécu sans monnaie…

Page de droite, couple birman rentrant du marché de Heho avec sa cargaison. La barque ultra-plate, de conception ingénieuse et millénaire, tient bien l'eau. La vie dans cette région repose sur les échanges de rive à rive, et la navigation joue un rôle prépondérant dans l'économie locale.

BIRMANIE VIVANTE

Au pays des pagodes dorées, tout respire pour et par Bouddha. Qui ignore cette vérité ne comprend rien à la Birmanie-Myanmar. Regardez, par exemple, ce pêcheur du lac Inle, perché comme un échassier sur sa «plate». Il a des gestes ancestraux, presque rituels, une économie de moyens qui ignore le rendement. L'homme tranquille porte des vêtements amples, traditionnels. Il fait partie d'un tout intemporel, d'une cosmogonie où domine le Bouddha. La jambe enroulée autour de sa perche, l'homme semble danser. En comparaison, un pêcheur occidental est harnaché en guerrier... Ici, on vit encore comme autrefois.

Comme partout en Asie, le riz est source de vie, nourriture première, indispensable lien entre l'homme et la nature. Les rizières abondent. Jusqu'en 1960, la Birmanie s'est enorgueillie du titre de premier exportateur mondial de riz. Ce riz béni par tous, on l'aime gluant, on le prépare au cours d'une cérémonie qui s'apparente à un rituel religieux. La cuisine faite, les enfants birmans se régalent du riz brûlé, craquelé, sur le pourtour des marmites... Une fois cuit, le riz est arrosé d'une forte sauce à base de poisson fermenté, le *ngapi*. Bouddhisme oblige, seuls des Indiens de religion musulmane font office de bouchers. Les marchés birmans forment de véritables mosaïques de couleurs, d'odeurs, de saveurs, de chants et de mélopées. Piments, maïs, millet, sésame, arachides, légumineuses, tournesol et coton se dressent en montagnes colorées. Pommes de terre, choux, fraises du plateau Shan garnissent les étals qui proposent aussi de fameux *curries,* du porc mariné, et le plat national, ces bols de nouilles que chacun peut acheter pour quelques *pyas*. En prime, vous aurez peut-être le sourire de la ravissante marchande birmane, mollement drapée dans son *longyi*. Ce sera l'occasion d'offrir à la jeune beauté l'une ou l'autre des 850 espèces d'orchidées qui fleurissent sur les marchés locaux.

Loin de ses étals colorés, la Birmanie vit à un autre rythme, celui de la plaine fluviale, de la vallée basse et de la haute jungle où, autrefois, riches colons et majors britanniques prenaient leurs quartiers d'été. Là, dans un ondoyant océan de verdure, se tapissent encore les serpents à la morsure mortelle. Plus haut, dans les arbres aux branches feuillues ou bordées de boutons dorés, des oiseaux par milliers font éclater leurs chants étranges. Certains nichent sur les banians, aux alentours de Bagan. Ces banians, ou figuiers sacrés, rappellent à jamais que Siddhartha Gautama, le dernier des Bouddhas, eut son éveil et sa révélation au pied d'un de ces arbres vénérés.

Comme au temps de Kipling, buffles d'eau et zébus font office de tracteurs. Les éléphants utilisés pour charrier les troncs de teck se mènent encore à la voix et à la pique, dans un rituel secret où quelques dizaines de kilos d'homme affrontent et domptent le roi-éléphant et ses quatre ou cinq tonnes de force tranquille. Autrefois animaux de guerre contre Kubilaï Kan, l'éléphant ne manque pas de courage et n'oublie jamais qui lui fait tort. Blanc, l'éléphant est sacré, véritable porte-bonheur, car il servit, un jour, de véhicule à Bouddha.

Après quelques jours, la Birmanie tout entière vous emportera, par exemple à bord d'un poussif vapeur sur le majestueux Irrawaday, ou dans les lacis de Rangoon, perché sur un *rickshaw* tiré par un sautillant conducteur, voire à dos d'éléphant si vous sympathisez avec le cornac. Alors, vous sentirez votre cœur s'ouvrir à une vie nouvelle, vous saurez peu à peu ce qui fait la prodigieuse beauté de ce pays coloré de contrastes. Vous apprendrez les lois familiales telles qu'on les pratique encore. Ici, est vénéré le mari, le père, enfin l'homme, surtout s'il porte les riches et chaudes couleurs du moine bouddhiste. Il faut respecter sa fierté. En birman, on dit le *hpong*. Ne pas respecter le hpong d'un homme, c'est le tuer mille fois. Le hpong, c'est sa force. Ne pas faire perdre la face à vos hôtes birmans, à un pousseur de rickshaw, à un étudiant, à un marchand ambulant, sera faire preuve de civilité... et de sagesse. Les Birmanes le savent bien, qui règnent sans partage à la

maison mais respectent les traditions à l'extérieur. Pourtant, la loi birmane, autant que la coutume, leur donnent une égalité à peu près totale avec l'homme.

Birmanie qui va et vient comme une houle aux reflets envoûtants. Au matin, le thé léger fume dans la brume rose et grise. Accroupie, une femme vêtue d'un noir *longyi* s'affaire. On travaille dans la rizière familiale, on bine le carré de tubercules, on sèche le piment, on prépare le *ngapi*. À quoi bon s'agiter, pourquoi s'épuiser au travail, vouloir plus qu'un toit ondulé, qu'une maison de bambou et de teck munie de ses larges ouvertures ? Pourquoi télévision, vidéo, appareils mirifiques, alors qu'un regard sur la nature birmane suffit à remplir une journée et même une vie ? Chaque année, quelques-uns des toujours rares visiteurs de ce beau pays tombent amoureux de tant de beautés. Ils vivent soudain pour les plages vierges de la côte ouest, pour ces forêts gigantesques où résonnent encore le fracas des combats d'hommes et de la chasse aux tigres sanguinaires. Et puis, qui n'aime les pierres précieuses... Mais la plus belle des gemmes, n'est-ce pas ce fabuleux sourire birman, toujours entier, innocent, large au sens le plus humain, ce sourire qui nous dit que la vie peut être belle et noble, et que Bouddha veille sur tous à qui le respecte ?

Toute sa vie, les besoins d'un Birman restent modestes. Riche ou pauvre, il se tourne vers la plus proche pagode, en grimpe les cent marches de pierre polie par l'usage, y rencontre sa fiancée, ses amis, son destin parfois. Offrandes simples ou raffinées, peu importe, on fait selon. Et plus tard, servante ou princesse, la jeune Birmane porte fièrement de beaux bijoux car, en Birmanie, on n'est vraiment femme que parée d'or, de gemmes et de *thanaka,* cette pâte blanchâtre qu'on tire de l'écorce d'un arbre et qui abrite du soleil autant qu'elle rend belle...

La fugue amoureuse est courante, respectée, rituelle. Puis les deux jeunes gens se marient, avec l'accord des deux familles.

La vie va et vient. Enfants, parents, oncles, nièces, grands-parents, tous vivent ensemble, et, souvent, en autarcie. Une Birmane, récemment, me disait : « Comment pouvez-vous, en Occident, confier vos parents à des maisons de retraite ? C'est horrible. » Oui, la Birmanie vous étonne un peu plus chaque jour.

Bien sûr, la capitale Rangoon (Yangon, comme le veut la nouvelle orthographe), s'occidentalise, les musiques américaines, les téléviseurs japonais, les envies d'un nouveau monde percent peu à peu la carapace secrète de ce peuple plus que millénaire. Mais, à part une frange incertaine d'étudiants et quelques hommes d'affaires birmans aux allures de parvenus, la vie coule, coule comme le majestueux Irrawaday, cette route de Mandalay chantée par Kipling, il y a un peu plus d'un siècle. La vipère ou le cobra royal guettent, encore et toujours, dans le tapis verdoyant de la jungle perdue, l'innocente cheville du touriste peu méfiant. La belle inconnue dont vous croisez le regard porte, encore et toujours, dans ses cheveux, quelques boutons de fleurs de jasmin, signe de sa fierté de femme, de son envie aussi de plaire. Sûrement, vous rencontrerez des Birmans, vous saurez éveiller la curiosité des Birmanes, et tous, enfants, adultes, feront cercle autour de vous, et tous vous diront la Birmanie, ses prodiges, son naturel bon et pacifique. Alors, loin derrière la longue brume sinueuse de l'Irrawaday, loin après les monts verdoyants d'où la pique ardillonnée d'une pagode émerge drôlement, vous verrez comme par magie se dessiner un arrière-pays de rêve, sans époque, coutumes, langue particulière, sans terreur ou sang versé, sans peur ou bêtise. Cette Birmanie-là, issue de votre nouvelle vie intérieure, sera vôtre à jamais, mélange de vos rêves, du rêve des vrais Birmans, rappel d'une histoire incroyablement belle et mouvementée, d'un peuple tenu à l'écart des grandes guerres, des invasions, des mutations, et à ce moment précis, un peu de l'éternité du sage colorera votre regard attentif.

Page 74, traits burinés et coiffe traditionnelle, une montagnarde prend la pose. L'abondance et la diversité des ethnies a longtemps posé problème en Birmanie. Certaines tribus vivent toujours dans les hautes jungles, en complète autarcie. Aucun régime, ou force colonisatrice, n'eut raison de leur liberté. Seuls certains missionnaires chrétiens surent gagner leur cœur. Soumis à des coutumes parfois réductrices, ces tribus n'ont toujours pas intégré la Birmanie moderne, et bien sûr encore moins le monde du proche XXIe siècle.

Page de gauche, travail dans la rizière sur fond de stupa.

Double page précédente

Le travail en rizière est des plus pénibles. Les paysannes pataugent dans une eau trouble où nichent les serpents. Pour les prochaines semailles, les champs de riz sont inondés afin qu'on puisse y repiquer les jeunes plants. Avant l'arrivée des Britanniques, au XIXe siècle, rares étaient les terres mises en valeur ou plantées en rizière. Les nouveaux maîtres de la Birmanie s'empressèrent alors de faire venir des colons dans le riche delta de l'Irrawaday, là où l'irrigation naturelle et la mousson se conjuguent pour donner des sols hautement producteurs. Le résultat a été une constante progression des exportations de riz, jusqu'en 1962.

Page de gauche, moment de détente pour les jeunes « coupeuses-cueilleuses » de riz. La précieuse graminée, une fois émondée et décortiquée, sera stockée dans des sacs étanches pour être consommée dans l'année, ou bien vendue à des villages voisins, ou encore exportée à l'étranger. Enrichi par les dépôts alluvionnaires, le vaste delta qui boucle l'Irrawaday, en Basse Birmanie, fut longtemps considéré comme la région la plus riche du pays. Avec ses 3,6 millions d'hectares de rizières ondulant à perte de vue, on l'a justement surnommée le *grenier birman*.

Ci-dessus, paysan intha, son *cheroot* à la bouche, poussant son embarcation à travers les jardins flottants du lac Inle. Au premier plan, des choux chinois, reconnaissables à leurs feuilles en forme d'oreilles d'éléphant.

Ci-dessus

Un couple de buffles laboure la rizière et la fertilise de leurs déjections.

Ci-contre, une Birmane en *longyi* rame paisiblement sur le littoral du lac Inle et se rend au marché. Sa barque, surchargée, comprend sa production maraîchère de tout un mois. Elle espère bien vendre oignons, tomates, aubergines, mangoustans, durians, et encore quelques beignets délicatement parfumés. Le maigre bénéfice qu'elle tire de son commerce lui permet de vivoter jusqu'au prochain marché.

Page de droite, une vendeuse au marché local de Heho. Autant fête que commerce, le marché ouvre ses portes à l'aube et connaît vite une chaude ambiance. Des odeurs fortes emplissent l'air encore brumeux. On respire des parfums sucrés, des effluves salés, où l'odeur de l'oignon frit le dispute à celle du piment et de l'ail délicieusement macérés et grillés.
Les spécialités locales sont très riches en goût : le *mohinga,* excellente soupe aux vermicelles, se consomme autant que le *hingyo,* un potage aux légumes, mais le plat vedette demeure le raffiné *kaukswe,* poulet mariné dans du lait de coco et servi avec de délicieuses nouilles.

Ci-dessus

Atmosphère souriante d'un jour de marché. Les commerçants choisissent leur emplacement, et le délimitent avec leurs marchandises (production de leurs champs, vanneries, couvertures tissées à la main, cages à poules, piles de piments frais). Certaines marchandes entreprenantes n'hésitent pas à s'approprier deux, trois ou quatre emplacements. Parfois, des rivalités éclatent, et on frôle la bagarre. Le flux des passagers du «vapeur» local, les habitants des villages voisins, et aujourd'hui les touristes, constituent des clients potentiels qu'il faut à tout prix charmer et persuader. Les tribus de Haute Birmanie trouvent, sur ces marchés, certains produits qui font défaut chez eux. Ne manquez pas les marchés flottants, parmi les plus pittoresques du monde.

Ci-contre, les fameux poids à opium qui servent aujourd'hui à peser oignons ou carottes. Ces jolis objets en bronze représentent des animaux. En principe, l'opium est illicite en Birmanie…

Page de droite, marchandes et clients en grande discussion. Les prix varient du simple au triple, selon le bagou et les besoins de chacun. Chaque marché est riche en étals à pâtisserie, en restaurants improvisés sur un bout de table, et bien sûr en kiosques à livres, car la lecture représente un passe-temps national. Le plus souvent, il s'agit de bandes dessinées et de romans populaires ou sentimentaux.

Page de gauche

La fin du marché est marquée par une indescriptible cohue. Les derniers achats se font à l'arraché, on tente encore une ultime transaction, et les rois du troc vantent doublement leurs marchandises.

Ci-dessus, un vendeur s'en retourne dans une barque allégée, signe que les affaires ont bien marché. En arrière-plan, une paillote sur pilotis rappelle les premières cités lacustres d'une Birmanie de légende.

Ci-contre, les fleurs, magnifiques, ont le teint et les couleurs des visages et des vêtements de leurs vendeuses. Offertes à une fiancée ou déposées au pied d'un Bouddha de pierre, dans la pagode voisine, ces fleurs parleront le langage de l'amour, de la tendresse et de la fraternité.

Page de gauche

Un village forestier, sur les berges de l'Irrawaday. Des troncs de teck attendent d'être mis à l'eau. Les «trains flottants», ont longtemps représenté une des plus grandes richesses de la Birmanie. Ce bois, mondialement réputé, croît entre autres sur le plateau Shan. Ces forêts de bois précieux, concédées par le gouvernement birman à des sociétés étrangères, sont exploitées au-delà de leurs limites. La déforestation menace.

Ci-dessous, constitution d'un «train flottant» de troncs de teck. Imputrescible, extrêmement lourd, le teck constitue un danger réel pour les «chefs de trains» chargés d'acheminer le convoi. Les «trains flottants» de bambou sont infiniment plus légers. Dans tous les cas, une petite cabane légère est bâtie sur le tapis de troncs. L'équipage peut s'y abriter de la pluie, prendre quelques heures de repos et s'y restaurer.

Page de gauche

La magnifique pagode Shwedagon, à Rangoon, bat comme un cœur éternel au sein du royaume birman. Dans le pagodon situé au nord-ouest, entre les *nats* et les ombrelles aux guirlandes dorées, des fidèles étalent leurs offrandes au pied d'un grand Bouddha dit « Faiseur de merveilles ». Ce sanctuaire est perpétuellement fleuri. Bouddha y exauce les vœux de tous, et parfois accomplit des miracles…

Ci-contre et ci-dessous, scènes de ferveur populaire extrêmement touchantes pour le visiteur. En effet, les moines autant que les fidèles se prosternent sans l'ombre d'un doute ou d'une hésitation pour mieux communier avec l'esprit du Bouddha, ou l'une ou l'autre des divinités qu'on nomme *nats*. Cet étalage de hauts sentiments rythme la vie birmane et donne au pays son équilibre affectif et moral. Une pagode se visite pieds nus, et dans le sens des aiguilles d'une montre. Admirer le Shwedagon dans sa totalité demande plusieurs jours.

Ci-dessus

Tout vêtu d'or, un intemporel sourire aux lèvres, Bouddha resplendit comme au jour de son illumination. C'est sous un figuier géant que Siddhartha Gautama, le Bouddha, reçut l'intemporelle révélation sur la vie, la souffrance, et la voie du salut par le renoncement à tout notre monde matériel.
Au VIe siècle avant Jésus-Christ, Siddhartha forma sa doctrine, qu'il ne voulut jamais religion intolérante mais plutôt pratique philosophique au quotidien. Cette nouvelle philosophie se heurta au brahmanisme, fort et hiérarchisé, le système social et religieux de l'Inde d'alors.

Affirmant la permanence de la douleur humaine, ou *samsara,* la doctrine de Siddhartha tend à faire cesser cette douleur par la pratique du renoncement qui donne accès au nirvana. Tout enseignement bouddhique débute par l'enseignement des Quatre Nobles Vérités : Souffrance de la vie, cause de cette Souffrance, réduction de cette Souffrance, et enfin découverte du chemin qui conduit à la cessation absolue de cette Souffrance.

Page de droite, un artisan martèle patiemment, à l'aide d'un maillet, une pépite d'or sur une table de marbre jusqu'à la rendre aussi mince que du papier à cigarette. La feuille ainsi obtenue est découpée en quatre carrés, puis calée entre deux plaques de cuivre qui seront enroulées dans un gabarit en cuir et enfin battues et rebattues. Le résultat : une feuille d'or infiniment mince et presque transparente qu'on empaquette par cent dans du papier huilé. Production typique de la Birmanie, les feuilles d'or sont vendues aux fidèles et dévots qui les appliquent sur les pagodes et les statues bouddhiques. Une once d'or permet de confectionner une feuille de 10 m^2. Et chaque minuscule feuille d'or acquise par un fidèle et offerte à Bouddha permet d'acquérir un *mérite* supplémentaire et de se rapprocher du nirvana. Ce commerce est florissant, car un villageois qui vient faire un pèlerinage dans la pagode de son choix aura à cœur de commémorer ce grand jour par une offrande de feuilles d'or qu'il plaquera lui-même sur son Bouddha favori.

Qui n'a vu, stupéfait, l'immense Bouddha couvert d'or de la pagode Mahamuni, à Mandalay, ne sait rien de la Birmanie et de son peuple.

TORA
TORA

Double page précédente et ci-dessous

Un groupe de jeunes Birmans vêtus comme des princes et coiffés d'une tiare en carton aux royaux reflets, s'apprêtent à subir les épreuves du *shin-pyu,* cérémonie d'initiation bouddhique qui va en faire des adultes. Aujourd'hui encore, en Birmanie comme dans d'autres pays bouddhistes, une naissance est un grand événement donnant lieu à de savants calculs astrologiques. Puis, entre l'âge de sept ans et l'âge de douze ans, tous les petits Birmans de tradition bouddhique sont initiés à la vie monacale. Cette pratique, loin d'être obsolète ou outrancière, répond tout simplement à un souci d'imiter et de suivre le vrai Bouddha dans sa méditation.

Page de gauche, un jeune garçon dans ses vêtements de soie brodée, la tête ornée d'une couronne dorée et fleurie. Bientôt, il prononcera les paroles rituelles qui marqueront son entrée dans la *shanga,* et un moine lui rasera le crâne.

Ci-contre, en contrepoint des cérémonies du *shin-pyu,* certains Birmans font la fête, chantent, se déguisent, et boivent à l'occasion. Ce sont les parents des enfants intronisés qui régalent l'assemblée. Ici, un camion moderne sert de décor à une danse rituelle et ancestrale. En Birmanie, hier et aujourd'hui sont souvent étroitement mêlés.

Page de gauche

Les funérailles d'un moine réputé attirent des milliers de fidèles. La cérémonie, digne d'un prince ou d'un roi, est d'une richesse inouïe. Chaque détail du convoi funéraire a été pensé, vérifié. La sculpture représentant un cheval ailé, à l'avant du cortège, symbolise un de ces demi-dieux qui peuplent les six stades supérieurs du monde sensuel, sur le mont Meru ou dans des palais haut perchés. Un moine qui a dévoué sa vie à la recherche de la simplicité et de la vérité est honoré comme le plus grand des hommes. Véritable fraternité religieuse autant que puissante organisation sociale, la *shanga* prend soin du défunt et lui offre une cérémonie d'adieu digne de sa grande vie. On dépose dans la bouche du mort une piécette qui payera le passage dans l'au-delà.

Ci-dessous, un moine bien vivant et qui a intensément vécu, si on en juge par son sinueux tatouage et ses traits marqués. Bouddha ne rejette personne, et un mauvais sujet repenti peut parfaitement devenir moine et approfondir l'enseignement de Gautama, l'Illuminé.

BIRMANIE SECRÈTE

Passer dix jours ou dix ans en Birmanie marque l'esprit d'un Occidental, et parfois son âme. N'a-t-il pas côtoyé une sagesse inconnue dans nos contrées? N'a-t-il pas foulé le sol d'un pays deux fois millénaire? La Birmanie le marque, la Birmanie bondit comme un tigre captif dans ses souvenirs encore frais. Peu à peu, la pensée du Bouddha revient chanter à ses oreilles comme une mélopée qu'il comprendrait enfin. Le sens se dégage du sens. Rangoon, Mandalay, la plaine humide de pagodes, à Bagan ; la Haute Birmanie, les montagnes neigeuses et le vert des jungles à tigres où les éléphants règnent en maîtres. Il revient à notre touriste quelques vers de Kipling :

«Voici cette éternelle pagode de Shwedagon, et son dôme sacré tout couvert d'or, qui nous chante de tous ses reflets : "En Birmanie vous êtes, et aucun autre pays au monde ne lui ressemble."»

Dans vos rêves retrouvés, la Birmanie s'estompe un peu, beaucoup, mais jamais totalement. Il vous reste ces visages aux reflets de cuivre, ces traits fins, ces sourires, ces enfants dorés par l'innocence et qui toujours vous ont donné leur cœur. Il vous reste les milliers de pagodes aux coupoles dorées, aux *stupas* pointus et pacifiques. Au détour de la mémoire, une jeune ouvrière polit sa laque, avec le savoir-faire ancestral, et peut-être une part d'éternité qui donne à l'œuvre d'art qu'elle achève sa pleine portée religieuse. En effet, là-bas tout vient de Bouddha et retourne à Bouddha.

D'un coup, la pulsion secrète de ce pays à la noble histoire vous saisit, pour ne plus jamais vous lâcher. Le banian sacré qui pousse autour de Bagan, aussi bien en Haute qu'en Basse Birmanie, et naturellement en Inde, ce figuier, donc, vous livre le secret de sa feuille effilée. Sous ses basses racines aériennes, Siddhartha Gautama, le dernier des Bouddhas, connut l'illumination, et dans l'esprit de chaque Birman, la feuille est ainsi consacrée. De sa forme conique naquit la forme des parties hautes des pagodes. Ainsi va la ferveur et la foi d'un peuple sage... Saurez-vous dire ces secrets, comme autant de mots d'amour ? Il reste bien sûr l'or, cet or qui recouvre les plus reculées des pagodes, celles qui s'écroulent parce que leur construction a été commencée il y a longtemps et jamais achevée, par manque de matériau... ou de temps à vivre. Ainsi vont les choses, en Birmanie. Qui dira la pensée de tel ou tel autre? Qui saura si le constructeur de pagode a eu foi en l'avenir de l'homme, ou seulement en sa propre béatitude?

L'or, là-bas, fait le lit de torrents de saphirs, jades, émeraudes, et surtout rubis, ces merveilles à la nuance impeccable, comme les «sang de pigeon», que les joailliers du monde entier sont venus acheter à coups de dollars et de livres sterling. Il existe, enfin, il existait, en Haute Birmanie, à quelques heures de Rangoon, une ville mythique, une cité de chercheurs de rubis : Mogok. Là, des centaines de vies ont été emportées sous la force des torrents de boue en crue qui charriaient la précieuse manne. Là, dans des mines profondes, loin du soleil et de sa chaleur, des centaines de Birmans et même quelques Birmanes ont gratté, creusé, fouillé, terrassé le *bayon*, cette boue fertile où se nichent les gemmes. De riches Britanniques, plus tard de riches Birmans, possédaient les mines en titre. Leurs pêcheurs de rubis devaient obligatoirement remettre aux propriétaires les pierres d'un certain calibre, mais les plus audacieux cassaient la pierre pour en garder les éclats, ou les plus petits morceaux. On mourait vite, on s'enrichissait rarement. Étalée à 800 mètres d'altitude, Mogok respirait loin du monde, loin des humains, dans ses brumes, parmi ses jungles vertes et tigrées, où tout proches les chantiers de teck bourdonnaient du cri des cornacs et des soupirs d'éléphants. À Mogok, le plus pur rubis se scellait dans un petit sac en toile bon marché. À Mogok, spinels rouges et rosés, pierres de lune aux arêtes scintillantes, lapis lazuli, saphirs bleuet mènent la danse sacrée des gemmes de beauté.

Au XVe siècle, la Birmanie, «Terre d'Or», étincelait de richesses, mais plus tard, c'est à ses rois et souverains, les «Pieds d'Or», qu'on

distribuera les rubis et les pierres précieuses par kilos, dizaines de kilos, parfois centaines. En rêve, vous verrez l'éléphant blanc, le front ceint de tiares d'or et de rubis, les oreilles décorées des plus gros saphirs, et juché sur son cou puissant, un roi de Birmanie encore plus décoré d'or et de pierres rares que son majestueux porteur.

Aujourd'hui, de Rangoon à la mythique Mogok, suivez la piste des rubis, et sachez distinguer d'un coup d'œil le «sang de pigeon» dont l'éclat intérieur a la pureté du Bouddha, des pierres trafiquées ou synthétiques que des forbans tenteront de vous vendre.

Au terme de mon voyage, j'ai eu une pensée triste pour tout ce que je n'avais pas assez vu, pas assez compris, mais ainsi va la vie, disent les Birmans. Chez les *Nagas* des montagnes, quelques vestiges momifiés de têtes humaines vous accueillent bien souvent. Et puis, j'aurai appris que les nombres pairs sont de bon augure, au point que les mères donnent à leurs enfants des médicaments par deux, quatre, six, ou huit. J'aurai senti plutôt que compris le pouvoir des *nats*, ces divinités familières, taillées dans le bois à notre ressemblance, mais douées de survie et de pouvoirs magiques. L'enfant birman sait que, trop intéressé par l'argent, il peut devenir *peik-tas*, ces esprits de grande taille qui ont un énorme appétit et la bouche de la taille du chas d'une aiguille. Comprenez-vous? C'est cela, la Birmanie.

Et puis, l'alchimie a aussi son mot à dire, dans ce pays d'hier et d'aujourd'hui. L'alchimie fascine les Birmans, car transformer telle matière en telle autre, n'est-ce pas un peu passer d'une vie à l'autre, et encore à une autre, jusqu'à ce que le cycle des réincarnations prenne fin et que le bienheureux goûte enfin au nirvana? Des secrets millénaires s'échangent au coin d'un feu, dans le cœur de la nuit.

Mais le seul vrai secret, c'est bien sûr Bouddha, encore et toujours lui. Autrefois, les spectacles de marionnettes, les *nat-pwe*, envoûtaient les foules. Tout y était dit, et même romancé, des mutations successives de l'Éveillé. Ces *jatakas* ritualisés, chaque Birman les attendait, les soulignait le moment venu d'un cri, d'un mot ou d'une phrase, tellement il les connaissait par cœur. Aujourd'hui, des acteurs fardés, souvent travestis, incarnent les vies successives de Bouddha, dans un décor codifié, parmi les bons et les méchants : Zawgyi l'alchimiste-magicien, la princesse, et tous les grands personnages des légendes et sagas birmanes.

Dans la nuit fiévreuse, et pendant trois jours et trois nuits, le spectacle de marionnettes vivantes déroule ses ors, ses improvisations délirantes, ses costumes féeriques. À quelques centaines de kilomètres, dans la Haute Birmanie frontalière du nord-est, une caravane de petits chevaux robustes passe plusieurs tonnes d'opium dans un dédale de sentiers secrets. Ainsi va la vie, disent les Birmans. Cet opium sert depuis des lustres à acheter, à corrompre, à souiller, mais des centaines de paysans des montagnes en vivent. Britanniques, Japonais, communistes chinois, tous en ont été les promoteurs, peu ou prou. Mais est-ce vraiment un secret?

Dans la nuit birmane, dans ce pays-pagode, temple de la douceur de vivre, du temps pour le temps, il n'était pas rare de croiser, en jungle ou sur une route peu sûre, quelques *dacoïts* aux poignards effilés. Mais la mort a-t-elle la même valeur qu'en Occident? Ici, le défunt sera enterré parfois, incinéré plus souvent. Dans sa bouche, on glisse une piécette, afin qu'il paie son passage vers l'au-delà. Rappel de la colonisation britannique, on le libère de toute obligation terrestre, en birman bien sûr, mais aussi et encore en anglais. Les flammes crépitent et s'élèvent comme une promesse aux dieux. Le bois et la chair se mêlent. Mais, magie birmane, vous n'êtes pas triste. Vous en savez déjà un peu plus. Vous reviendrez à Rangoon et à Mandalay.

Page 100, une femme-girafe, en pays Padaung.

Page de gauche, une authentique marionnette du XIXe siècle, à Mandalay. Le théâtre animé, ou *yokethe pwe*, connut son apogée entre 1820 et 1885.

Ci-dessus, ci-contre, et page de droite, en haut

A Pagan, nichés au sommet du mont Popa, «Monsieur Beau» et sa sœur «Visage d'Or», deux des *nats* les plus célèbres de Birmanie. Au pays des 10000 pagodes, 37 *nats* règnent sans partage dans la pensée populaire. Survivants des anciens cultes animistes, ce sont des génies à destins humains, ou des humains qui deviennent génies. Monsieur Beau était forgeron, fort, et admiré par les femmes au point de rendre un roi jaloux. Ce dernier usa d'une ruse pour épouser sa sœur «Visage d'Or» et capturer, lors de la fête nuptiale, le trop beau forgeron. Il fit brûler les malheureux dont l'esprit se réincarna dans un tronc d'arbre. Repêché, ce tronc donna naissance à deux ravissantes sculptures du frère et de la sœur qui, depuis, trônent à l'abri de la chaleur et de la lumière dans les niches de pierre du mont Popa, encore appelée *Mahagiri,* la «Grande Montagne».

Page de droite, en bas, dans la pagode Shwedagon de Rangoon. Une famille birmane se décide à acheter un petit oiseau. Une fois libéré, il portera vers le royaume des nuages les vœux de la famille. Et qui sait, Bouddha en exaucera deux ou trois.

Page de gauche,
ci-dessous et ci-contre

Quelques marionnettes du *yokethe pwe* de Rangoon. Ce fabuleux théâtre animé est né au XVIIIe siècle, durant le règne de Singu Min. Très vite, on codifia les représentations de manière draconienne, allant même jusqu'à choisir un certain bois pour fabriquer les marionnettes qui, invariablement, représentaient 28 personnages. Par la suite, ces règles furent assouplies et le nombre de personnages augmenta, jusqu'à 36 à partir de 1821. Le spectacle dure trois nuits. La taille des marionnettes varie de 0,75 à 1 mètre. Le décor : un fond blanc, un trône, un divan, quelques branches et lianes figurant la forêt. Les pièces évoquent l'Inde et ses mythes, ou égrènent les *jatakas,* histoires épiques racontant les vies antérieures du Bouddha.

Le *Zawgyi,* marionnette incarnant le personnage de l'alchimiste, impressionne autant que celle du *mintha* et de la *minthami,* le prince et la princesse. Hélas! ce charmant théâtre, unique en son genre, est en voie de disparition, ou réservé aux touristes dans une forme édulcorée qui rend caduc son sens profondément religieux.

Double page précédente

La fête de *Thadingyut,* sur le lac Inle. Ci-dessus, un amateur éclairé examine l'énorme gemme d'un rubis birman. La Birmanie est le plus gros producteur mondial de rubis.

A Mogok, cité minière de réputation mondiale située à 200 kilomètres au nord de Mandalay, bien des destins et quelques fortunes se sont édifiés sur l'effort de milliers d'hommes et de femmes travaillant dans les mines de rubis et de saphirs. Mais, symbole éternel du feu et de la passion qui animent la Birmanie, le rubis demeure sans conteste la plus précieuse de ses gemmes. Et le «sang-de-pigeon» parmi la plus recherchée de ses variétés. Cette richesse rapporte quantité de devises au gouvernement birman, qui, à ce jour, détient le monopole du commerce des pierres précieuses.

Ci-contre, le tailleur de pierre vérifie la perfection de son travail. En joaillerie, la plus infime des imperfections reste à jamais soudée dans la pierre, et lui fait perdre la moitié ou plus encore de sa valeur.

Ci-contre

Telle une lave rougeoyante s'écoulant sur le flanc d'un volcan, ce tapis de rubis brille de toutes ses pierres plus ou moins grosses. Quelle femme n'aimerait pas fouler nu-pieds cette litière flamboyante et précieuse. Amateurs de sensations fortes, brigands, aventuriers occidentaux prêts à tout, Mogok a connu un va-et-vient inouï de chercheurs de rubis, d'exploitants de mine, de travailleurs embauchés à la journée ou à la semaine, de marchands rusés et de négociants chinois implacables. Ce petit monde fleurant bon l'aventure a presque disparu de nos jours, mais une visite à Mogok vous fera revivre ces temps héroïques où les comptes se réglaient parfois à l'arme blanche.

Ci-dessous, un échantillon de ce que les orfèvres, joailliers et artisans locaux savent produire avec talent et obstination. Depuis la broche-papillon aux ailes de rubis, jusqu'aux boucles d'oreilles en forme de cœurs sanglants, toute la magie asiatique opère et fascine par son charme et sa beauté singulière.

Double page précédente

Secrètes et mystérieuses, deux femmes de la tribu des Padaungs se détachent dans la pénombre ambiante. Une antique lampe à pétrole fait briller les anneaux qui enserrent leurs cous. On retrouve ces anneaux à leurs jambes et à leurs bras. Forte de 7 000 personnes, la tribu Padaung suscite étonnement et controverses en cette fin de siècle. Cette ethnie kayin vit sur un haut plateau, dans le Nord de la Birmanie. Hommes et femmes parlent une langue composite, faite de termes môns et khmers. Pour subvenir à leurs besoins, ils cultivent du riz et du thé vert. Vivre à l'écart des grands pôles urbains et des axes de communications en fait à jamais des êtres à part.

Ci-contre et ci-dessous, les femmes-girafes lavent leurs colliers à l'aide d'une poignée d'herbes. Parfois, il est bon d'être deux car tout mouvement circulaire de la tête leur est interdit.

Page de droite, une femme-girafe, de dos, et, bien visibles, les anneaux dorés protégeant sa nuque. Selon certains, cette carapace métallique la mettait à l'abri d'une attaque-surprise d'un tigre, fauve mordant souvent à la nuque. Selon d'autres, l'origine de ces anneaux répondrait à des règles esthétiques ou marquerait le statut social.

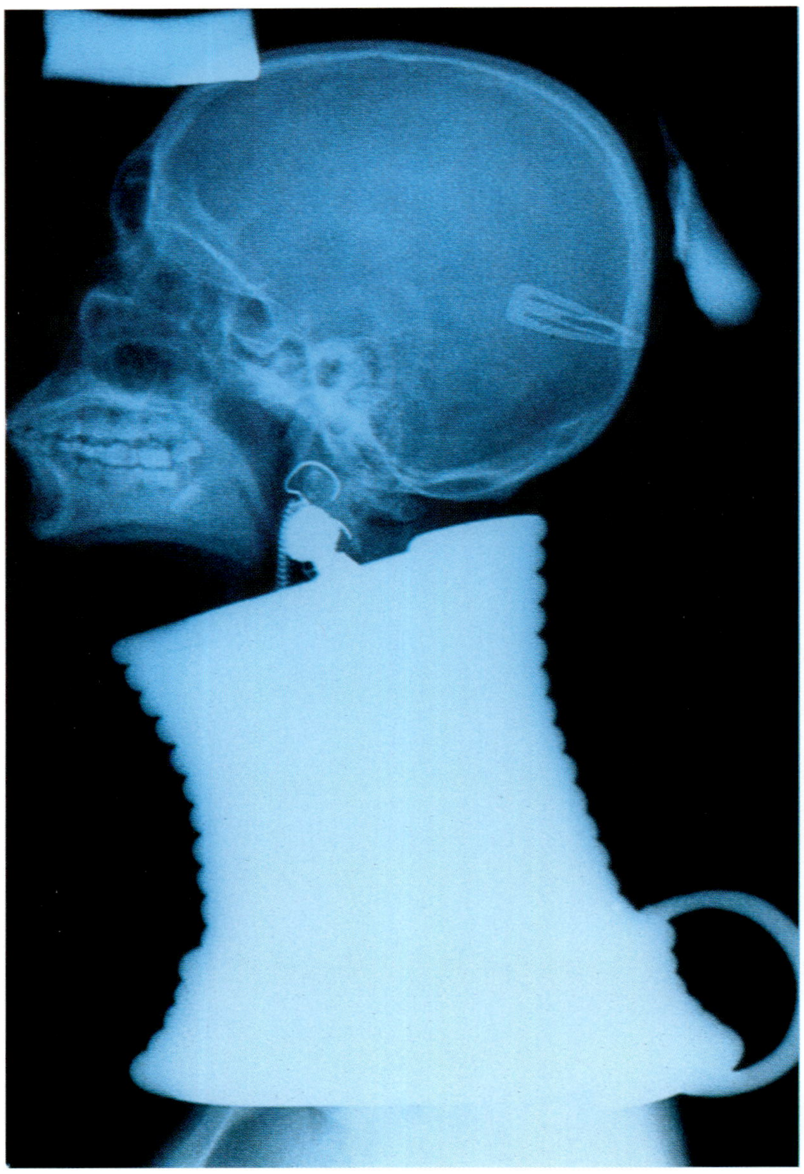

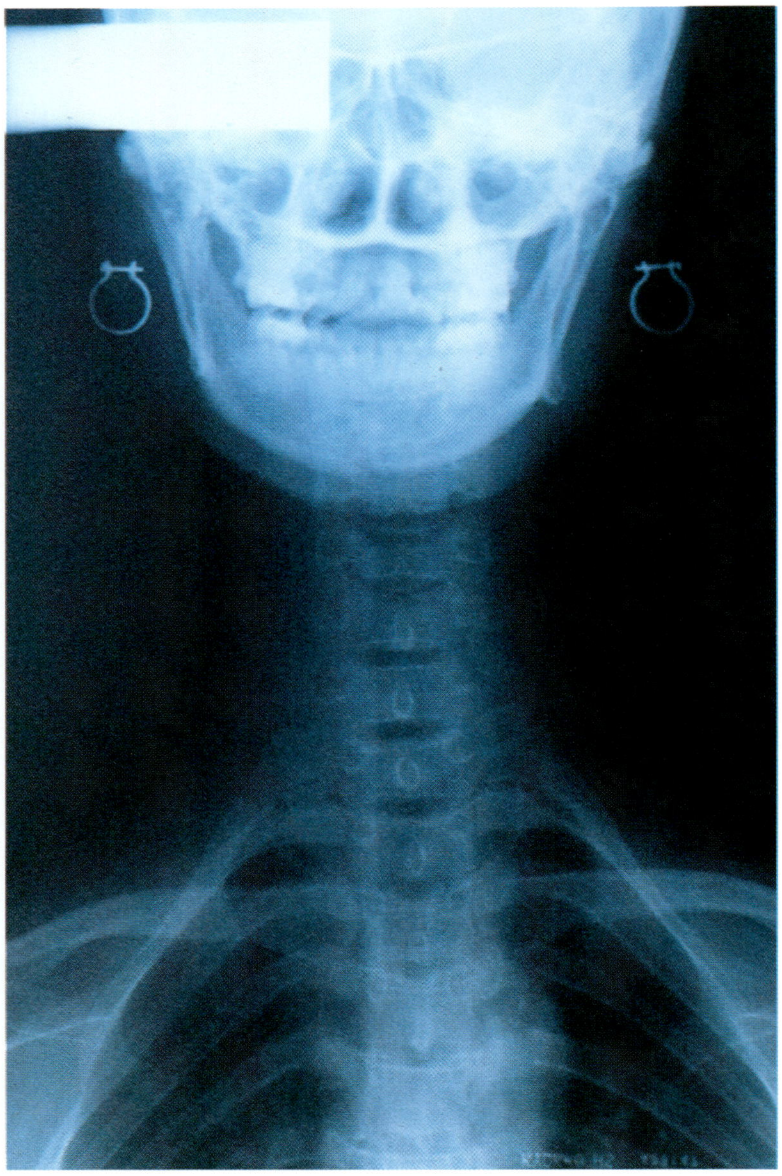

Pages 116-117

Deux femmes padaungs boivent à l'aide de tiges de roseaux. Ces derniers comportent au naturel un ingénieux système de filtration bloquant les particules indésirables qui risqueraient de faire tousser les malheureuses. Bien entendu, c'est parce qu'elles ne peuvent incliner leurs têtes pour boire que ces femmes ont recours à des pailles. A noter que, par précaution, les femmes-girafes se déplacent souvent par deux, afin de se porter assistance en cas de besoin. Ici comme ailleurs, l'union fait la force.

Page 118 et page 119, une femme padaung au cou orné de 17 anneaux. Ces anneaux de cuivre poli sont creux mais leur nombre est tel qu'une femme adulte en supporte plusieurs dizaines de kilos. Dès l'âge de cinq ans, la fillette reçoit ses premiers anneaux autour des bras, jambes, chevilles et, bien sûr, cou. Chaque année, on en ajoutera de nouveaux.

Ci-dessus, radiographies d'un cou de femme-girafe pratiquées clandestinement dans un hôpital thaïlandais. Contrairement à une idée reçue, ces clichés démontrent que la pose d'anneaux n'allonge pas le cou, mais affaisse les clavicules et les omoplates. Selon une légende, retirer ses anneaux à une Padaung, c'était la condamner à mourir par rupture des vertèbres cervicales, ce qui est médicalement faux. Autrefois, la femme adultère recevait ce châtiment. Ces femmes, victimes de traditions barbares et de pratiques machistes, dérangent certaines consciences occidentales. Le gouvernement birman a rendu illégale la pose d'anneaux, mais dans les faits, les Padaungs pratiquent autant qu'hier leur cruel rituel. Certains touristes raffolent de ce spectacle insolite et paient grassement un guide capable de les conduire en territoire padaung.

Page de droite, les yeux mi-clos, un sourire énigmatique aux lèvres, une femme-girafe prend la pose devant des touristes. Que pense-t-elle vraiment ? On remarque ses deux clavicules anormalement basses.

Double page précédente

Deux femmes-girafes, dans des postures traditionnelles qui leur assure un minimum de confort. Une stricte gymnastique empêche leurs muscles de s'atrophier.

Ci-dessus, femme padaung en forêt. Loin d'être inactives, ces femmes sont chargées d'approvisionner la tribu en bois, et s'occupent de la culture du riz. Elles s'acquittent parfaitement de ces tâches ; mais la lourde rigidité de leur corps les fatigue rapidement.

Ci-contre, cette fidèle sculpture d'une femme-girafe enserrée dans ses multiples anneaux, et datant du début du siècle, laisse à penser que les Padaungs n'ont pas négligé d'approvisionner colons et touristes en souvenirs. La pose d'anneaux date du XIXe siècle et, depuis, rien n'a changé dans l'apparence des femmes-girafes, comme l'attestent ces deux statuettes en bois.

Page de droite et double page suivante, la vie quotidienne des femmes padaung évoque parfois celles des Berbères du Maghreb. Ni libres, ni vraiment prisonnières ou maltraitées, elles élèvent leurs enfants, bavardent, rient à l'occasion, et tissent de superbes vêtements comme ceux qu'elles portent avec grâce et bon goût, sur ces photos, malgré un maintien et un port de tête à jamais rigides.

CHINE
BHOUTAN
INDE
BANGLADESH
CHINE
VIETNAM
LAOS
THAÏLANDE
CAMBODGE
Brahmapoutre
Hkakabo Razi 5 881 m
Putao
Gaoligong Shan
Monts Patkai
2 649 m
2 591 m
Kumon Taung
2 999 m
Singkalin
3 104 m
Lac Indawgyi
2 424 m
Myitkyina
Chindwin
1 708 m
Monts Mingin
Monts Gangaw
2 599 m
Bhamo
Katha
Mont Letha
Mawlaik
Tounggon
Pic Kennedy 2 704 m
Falam
Yeu
Lashio
2 490 m
Collines de Chin
Monts Ponnya
Monywa
Kehsi Mansam
Mandalay
Monts Raung Kalan
2 475 m
Plateau de Shan
Paletwa
Pakokku
Myingyan
Kengtung
Mont Victoria 3 053 m
Meiktila
Taunggyi
2 266 m
Irrawaddy
Salouen
Sittwe
Pauksa Taung 1 708 m
Chaîne d'Arakan
Mékong
Pyinmana
Loi Lan 2 163 m
GOLFE DU BENGALE
Kyaukpyu
Thayetmy
Chaîne de Pegu
Loi-Kaw
Île Ramree
Toungoo
2 620 m
Nattaung 2 620 m
Île Cheduba
Myanaung
1 287 m
Sittang
Vientiane
Henzada
Pegu
Monts Dawna
Bassein
Rangoon
Thaton
Pa-an
Pyapon
GOLFE DE MARTABAN
Moulmein
Tavoy
Bangkok
2 072 m
Palaw
1 513 m
Îles Adaman (Inde)
Mergui
Archipel des Mergui
Maw Taung 1 231 m
MER D'ANDAMAN
Lanbi Kyun
GOLFE DE SIAM
mètres
3 000
2 000
1 000
500
200
100
0
Îles Nicobar (Inde)
0
100
200
300 km

LES HOMMES

UNE GRANDE DIVERSITÉ ETHNIQUE

En dépit de la Constitution fédérale du pays, l'unité nationale a été tardivement et assez mal réalisée, notamment du fait de la présence de populations hétérogènes.

Les Birmans proprement dits, peuple mongoloïde d'origine tibétaine dont la langue fait partie du grand groupe tibéto-birman, sont largement majoritaires. Principalement établis dans la dépression centrale, ils représentent, avec les Môns et les Arakanais (de même langue, mais ayant subi à des degrés divers l'influence de l'islam), environ 80 % de la population totale. Les Birmans sont bouddhistes. Leur vie quotidienne est imprégnée par le bouddhisme du Sud, dit «du petit Véhicule».

Les Chans, de langue thaïe et de religion bouddhiste, constituent la minorité la plus importante. Ils ont gardé une organisation féodale.

Les Kachins, de langue tibéto-birmane, n'ont pas subi l'influence indienne : certains sont restés animistes, d'autres devenus chrétiens.

Les Karens, animistes, devenus bouddhistes et même christianisés dans certaines régions, ne se distinguent que par leur dialecte (langue du groupe tibéto-birman) et leur histoire. Ils ont joué un rôle important dans l'armée birmane à l'époque britannique. Bien que n'occupant pas un territoire uni, ils revendiquent une reconnaissance nationale. Il existe plusieurs mouvements séparatistes karens.

Indiens et Chinois, très nombreux dans les villes avant 1947, ne représente plus aujourd'hui qu'une minorité peu influente.

LES MÔNS

Les Môns, dont la population dépasse 1 million d'individus, parlent une langue môn-khmère et sont fortement influencés par la société indienne.
Ils sont devenus bouddhistes en conservant leurs croyances animistes ancestrales, ainsi que des survivances d'organisation clanique. En partie assimilés, les Môns vivent aujourd'hui principalement dans le Sud de la Birmanie.

UN ÉTAT ASSEZ PEU PEUPLÉ

La Birmanie est une confédération de quatorze États. On distingue sept États (ou provinces) proprement birmans et sept États dits «périphériques» : Arakan, Chin, Kawthoolei, Kachin, Kayah, Môn et Chan.

Avec 43 500 000 habitants pour une superficie de 676 577 km^2, la Birmanie peut être considérée comme un pays relativement peu peuplé. En effet sa densité moyenne est de 64 hab./km^2.

Cette densité cache de grandes disparités. Ainsi, le territoire birman est très inégalement occupé. De façon générale, les États périphériques, régions montagneuses, sont faiblement peuplés. Toutefois, le pays présente de grandes différences de peuplement. La province de l'Arakan (36 762 km^2) compte moins de 2 millions d'habitants, tandis que l'État des Chans, de plus grande superficie (160 000 km^2 environ), a une population qui approche 3 millions d'habitants. Quant à l'État Kawthoolei, frontalier de la Thaïlande et l'un des plus petits de la confédération birmane (28 726 km^2), il compte 856 000 habitants, soit une densité un peu inférieure à 30 hab./km^2.

Le bassin de Haute Birmanie, de peuplement ancien, constitue le cœur historique du pays. Compte tenu des conditions naturelles assez sévères – les précipitations sont rares et irrégulières –, il est relativement dense : entre 50 et 100 hab./km^2, au point que certaines régions sont presque surpeuplées.

La Basse Birmanie est une région de peuplement récent. Ainsi, le delta de l'Irrawaday (30 000 km^2), pratiquement vide à l'arrivée des Britanniques en 1856, a été l'objet d'un peuplement systématique par immigration entre 1882 et 1992. Toutefois, cette région reste encore moyennement peuplée (100 hab./km^2). En revanche, Rangoon, plaque tournante de l'économie birmane, concentre près de 6 % de la population totale avec 2 513 000 habitants.

L'accroissement naturel de la Birmanie est peu important (2,1 % en moyenne annuelle entre 1990 et 1995). La relative faiblesse de son peuplement tient à la conjonction de plusieurs facteurs. En effet, même si le taux de natalité reste encore soutenu (32 ‰), il est tempéré par un taux de mortalité important (13 ‰).

La pyramide des âges fait apparaître une population dans son ensemble très jeune, puisque la part des moins de 15 ans est de 38 % et celle des plus de 65 ans de 4%, l'espérance de vie moyenne s'établissant autour de 58 ans.

La religion dominante est le bouddhisme, pratiqué par 88,8 % de la population. Il devance de loin le christianisme (4,6 %), l'islam (3,9 %) et les adeptes de diverses religions tribales (2,2 %). Largement majoritaire donc, le bouddhisme assure une cohésion sociale que démentent par ailleurs de larges disparités du corps social, considéré sous son aspect économique.

LA POPULATION EN CHIFFRES

Densité	64 hab./km^2
Accroissement	2,1 %
Taux de natalité	32 ‰
Taux de mortalité	13 ‰
Mortalité infantile	59 ‰
Espérance de vie	58 ans
Population urbaine	24 %

POPULATION DES PRINCIPALES AGGLOMÉRATIONS

Rangoon	2 513 000
Mandalay	533 000
Bassein	356 000
Henzada	284 000
Myingyan	220 000
Moulmein	220 000
Pegu	150 000

UN PAYS ESSENTIELLEMENT AGRICOLE

LES PRINCIPALES PRODUCTIONS AGRICOLES (MILLIONS DE TONNES)	
Riz	13,5
Canne à sucre	3,1
Arachides	0,58
Blé	0,23
Bananes	0,22
Tabac	0,05
Jute	0,04

Bien que la Birmanie dispose d'atouts non négligeables – c'est un pays non surpeuplé, une partie des terres arables n'a pas encore été mise en culture, des gisements de pétrole ont été repérés –, elle souffre encore d'un sous-développement chronique et d'une image politique peu propice à encourager les investissements extérieurs.

Le secteur agricole demeure largement dominant, comme en témoigne sa part dans la population active (67,5 %) et son poids dans le produit intérieur brut (59 %). La nature des activités liées à l'agriculture épouse très fidèlement les trois grandes zones géographiques.

Dans les régions montagneuses, qui correspondent globalement à la plupart des États non birmans, on cultive sur brûlis du riz ou du maïs en autosubsistance. Le teck, transporté par flottage sur l'Irrawaday et le Chindwin, et l'hévéa représentent les seules ressources commerciales. Toutefois, une bonne partie du massif forestier a été vendue à des entreprises thaïlandaises afin de pallier l'interruption de l'aide étrangère. Enfin, dans les régions proches de la Thaïlande et du Laos, la culture du pavot est florissante.

Les sols de Haute Birmanie, en dehors des terres et des îles de l'Irrawaday, inondées chaque année à l'époque des hautes eaux et qui portent des cultures variées, sont de qualité plutôt médiocre. Ainsi, les rizières, irriguées par un réseau très ancien, ne couvrent qu'un territoire limité. Le millet, le coton, l'arachide sont les cultures dominantes, bien que les rendements soient médiocres. Mais, dans la mesure où la population est assez importante, les habitants ont dû trouver d'autres ressources. Aussi se sont-ils tournés vers l'exploitation du palmier à sucre, tout en développant un artisanat très renommé (cigares, tissage du coton et de la soie). Quant à Mandalay, de loin la principale ville de Haute Birmanie, c'est un centre culturel certes prestigieux, mais sans grande activité économique.

La Basse Birmanie, qui correspond pour l'essentiel au delta de l'Irrawaday, représente le poumon agricole du pays. Des pluies abondantes et régulières – culminant au mois d'août –, des sols fertiles et renouvelés chaque année par la crue du fleuve offrent à la monoculture commerciale du riz des conditions exceptionnelles. Cette culture a d'ailleurs permis la colonisation de la Basse Birmanie, qui fut longtemps la plus grande région exportatrice de riz du monde. Les rizières, qui étaient autrefois aux mains d'usuriers indiens, appartiennent depuis 1970 à l'État. Toutefois, en raison de l'accroissement de la population, de la stagnation de la production et de l'insécurité qui règne en Basse Birmanie, la région a perdu sa vocation exportatrice.

UNE INDUSTRIE EMBRYONNAIRE

INDICATEURS ÉCONOMIQUES (%)	
RÉPARTITION DES ACTIFS	
Agriculture	67,5
Industrie	9,1
Services	23,4
STRUCTURE DU PIB	
Agriculture	59
Industrie	10
Services	31
CROISSANCE ANNUELLE DU PIB	
1992	-0,6
1993	+9,3
1994	+6,8
1995	+7,2
TAUX D'INFLATION	
1992	21,9
1993	33,6
1994	22,4
1995	28,9

Deux chiffres témoignent du caractère encore embryonnaire de l'industrie birmane : le secteur secondaire n'emploie en effet que 9,1 % de la population active et ne représente que 10 % du produit intérieur brut.

La Birmanie est autosuffisante du point de vue énergétique. Le gaz naturel arrive en tête des productions minières, avec 1,7 milliard de m^3 en 1996, les réserves étant estimées à quelque 280 milliards de m^3. Il est suivi par le pétrole (0,767 million de tonnes en 1996). Mais les réserves ne sont pas importantes (environ 7 millions de tonnes). De plus, la production pétrolière décline régulièrement depuis le début des années 90 et le pouvoir a accordé des concessions à des prospecteurs étrangers (Japonais, Britanniques, Américains, notamment). Parallèlement, la Birmanie produit des rubis de haute qualité et des saphirs. Le reste des activités minières – essentiellement concentrées dans l'État des Chans – est très réduit et ne concerne que le plomb, le zinc, l'argent et le tungstène. De plus, Akyab (dans l'Arakan) et Moulmein (dans le Tenasserim) sont des ports médiocres, inutilisables en période de mousson.

De façon générale, l'industrie souffre de la vétusté de l'appareil de production, de l'insuffisance des moyens de transport et des approvisionnements. Par ailleurs, la situation d'extrême pénurie favorise la corruption, le marché noir, ainsi qu'une intense contrebande avec la Chine, la Thaïlande et le Bangladesh. Toutefois, l'économie de la Birmanie connaît une progression sensible. Celle-ci s'explique par la demande mondiale de bois de teck – dont le pays est le premier exportateur –, par l'aide importante de la Chine et par les investissements massifs des Singapouriens, notamment dans le domaine du tourisme que les autorités tentent de promouvoir en dépit d'une mauvaise image du régime sur la scène internationale. La Birmanie fait encore partie des pays pauvres avec un PNB par habitant très faible (750 dollars).

LE PASSÉ

LA DIFFICILE HÉGÉMONIE DES BIRMANS

Très tôt, l'actuel territoire de la Birmanie s'est ouvert aux civilisations de l'Inde et de la Chine. Ainsi, plusieurs peuples ont successivement dominé la région.

Au début de notre ère, les Pyus, peuplade tibéto-birmane, s'installent dans la vallée de l'Irrawaday où ils entrent en contact avec les Môns. Ces derniers affrontent les Birmans pour le contrôle du pays.

Au VIIIe siècle, le plateau oriental est envahi par des populations thaïes, les Chans. Ces derniers vont constituer très vite la plus importante minorité du pays, déjà caractérisé par un peuplement hétérogène.

Le IXe siècle voit la constitution du royaume birman de Pagan, qui atteint son apogée sous le règne d'Anoratha (1044-1077). Ce dernier soumet les Môns et s'empare de leur capitale, Thaton (1057).

Au début du XIIIe siècle, les troupes mongoles de Kubilay prennent Pagan qui est ensuite brûlée par les Chans à la fin du siècle. Parallèlement, les Môns du delta se libèrent de la domination birmane. Commence alors une longue période d'émiettement, marquée par de fortes rivalités locales : royaume môn de Pegu (1387-1539) ; dynastie chan d'Ava (1364-1555). Quant aux Birmans, ils trouvent refuge, au cours du XIVe siècle, dans la ville de Toungoo, sur le Sittang.

Au XVIe siècle, grâce aux rois de Toungoo, d'abord Tabinshweti, puis Bayinnaung, l'unité du pays est rétablie sous l'autorité des Birmans. Mais celle-ci est de courte durée. En effet, de nombreuses crises frappent le pays : les calamités agricoles, les révoltes populaires et la sécession de nombreux princes favorisent un retour des Môns du delta qui s'emparent de la Basse Birmanie (1740). Mais treize ans plus tard, la domination môn est battue en brèche par Alaungpaya qui fonde un nouvel Empire birman. Il appartient alors à la dynastie Konbaung (1752-1885) de conquérir successivement Ayuthia (1767), l'Arakan (1785), le Manipur (1817) et l'Assam (1817). Entre-temps, la capitale de l'Empire birman s'est déplacée de Toungoo à Rangoon. Toutefois, les conquêtes entreprises par la dynastie Konbaung nuisent considérablement à l'administration de l'empire, dont la population est accablé d'impôts. Dès lors un fossé se creuse entre la Haute Birmanie et la côte, où la population commerçante s'ouvre sur l'extérieur.

PAGAN

Située sur le cours moyen de l'Irrawaday, en aval de son confluent avec le Chindwin, au carrefour des routes menant vers l'Assam, le Yunnan et la vallée du Sittang, la ville de Pagan fut le berceau et le centre d'expansion de la nation birmane. Appelée Arimaddanapura («la ville destructrice des ennemis»), Pagan devint particulièrement florissante sous le règne d'Anoratha (1044-1077) et resta la capitale des Birmans jusqu'à sa prise par les armées mongoles en 1287.

UNE PROVINCE DE L'EMPIRE DES INDES

La Grande-Bretagne, qui occupe l'Inde depuis le XVIIIe siècle, s'intéresse au siècle suivant à la Birmanie. Au cours de trois guerres successives (1824-1826, 1852 et 1885), les Anglais se rendent maîtres du pays.

La première guerre anglo-birmane trouve son origine dans la conquête de l'Assam par les Birmans. Au cours de cette campagne, ces derniers ont envahi la vallée du Brahmapoutre, territoire annexé par les Britanniques. Au terme d'une guérilla particulièrement éprouvante pour les Anglais – la jungle et la brousse rendent les opérations difficiles –, qui s'achève par le traité de Yandabo (1826), l'Arakan et le Tenasserim passent sous la domination de la Grande-Bretagne.

La deuxième guerre anglo-birmane est déclenchée à la faveur d'incidents mineurs. Les Anglais, soutenus par les Môns de Pegu et les Chans, battent facilement les Birmans qui doivent abandonner la Basse Birmanie.

La troisième guerre anglo-birmane éclate en 1885, alors que le roi birman Thibaw a manifesté à plusieurs reprises une hostilité prononcée à l'endroit des Britanniques. La tension entre les Anglais et les Birmans est à son comble lorsque Thibaw rejette un ultimatum anglais. Trahi par les siens, le roi est défait sans difficultés par les troupes anglaises qui ont appris à connaître le pays. Après avoir aboli la monarchie, les Anglais font de la Birmanie une province de l'Empire des Indes (1er janvier 1886).

L'exploitation coloniale des richesses du pays ne tarde pas à susciter la naissance d'un mouvement nationaliste. Le premier parti qui incarne la lutte contre les Britanniques, celui des Thakins («Maîtres»), est fondé en 1929 par Aung San et U Nu. Parallèlement, la religion joue un rôle important dans le réveil nationaliste. Ainsi, la *Young Men's Buddhist Association* (créée en 1906) associe rapidement la défense de la culture religieuse birmane à la revendication politique. Aussi la Grande-Bretagne prend-elle en compte le mouvement nationaliste. En 1937, la Birmanie est séparée des Indes britanniques et s'achemine vers l'autonomie quand éclate la Seconde Guerre mondiale.

LE RAYONNEMENT DU ROYAUME DE PEGU

Économiquement développé, le royaume de Pegu entretient des relations commerciales importantes avec les Indiens, les Persans, les Arabes et, à partir du début du XVIe siècle, avec les Européens.
Foyer intellectuel et religieux, Pegu est à l'origine de la diffusion de la doctrine bouddhiste theravada vers le Nord de la Birmanie et, à partir du XIIe siècle, en direction du Siam.

LA CAMPAGNE DE BIRMANIE

LA ROUTE DE BIRMANIE

Itinéraire routier et ferré reliant Rangoon à Kunming (Yunnan), la route de Birmanie est destinée à ravitailler la Chine nationaliste après le blocus de ses côtes par les Japonais en 1938. Rendue inutilisable dès mars 1942 par l'occupation nippone de la Birmanie, elle est d'abord remplacée par un pont aérien américain. Une bretelle joignant Ledo à Bhamao est ensuite construite. Mais la résistance japonaise ne permet au premier convoi d'atteindre Kunming qu'à la fin de janvier 1945.

Occupée par les Japonais en 1942, la Birmanie est le théâtre de violents combats qui opposent jusqu'en 1945 les troupes de Tokyo aux Britanniques de Mountbatten.

La campagne de Birmanie est conduite par quatre divisions japonaises disposant de la supériorité aérienne et bien entraînée à la guerre de jungle. Le 8 mars 1942, les Japonais occupent Rangoon, ce qui leur permet de couper la route de Birmanie. Les Britanniques sont contraints de s'échapper en Inde après avoir abandonné tout leur matériel. Les opérations alliées, commencées à la fin de 1943, se heurtent à une farouche résistance des Japonais qui les retardent au nord jusqu'en mai 1944. Pis, pour les Alliés, les troupes nippones se lancent à l'attaque de l'Inde (avril 1944) et menacent leurs communications.

En mars 1945, une habile manœuvre blindée conduite par le général Slim à Mandalay force les Japonais à engager une bataille décisive qui leur est fatale. Slim peut alors foncer sur Rangoon, qui est libérée le 3 mai 1945 avec le soutien d'un débarquement aéronaval dirigé en personne par Mountbatten.

Avant même le déclenchement des opérations militaires, le Japon, nation «jaune» et libre dont le prestige est alors grand en Asie, s'est employé à attiser le mécontentement des Birmans à l'encontre des Britanniques. De nombreux intellectuels de Rangoon ont gagné Tokyo pour y recevoir un entraînement militaire. Parmi eux se trouve Aung San qui devient le chef de l'armée nationale birmane, organisée sous contrôle japonais. Dès le début des hostilités, Tokyo accorde l'indépendance à la Birmanie. Toutefois, cette indépendance reste toute relative, définie qu'elle est par l'idée de la sphère de «coprospérité»: pour les Japonais, la Birmanie – tout comme les autres pays de la région – ne peut être qu'un allié docile et soumis à leurs intérêts économiques.

Très vite, les relations entre le nouvel occupant et les nationalistes se détériorent, notamment en raison de l'attitude brutale et méprisante de l'armée nippone à l'encontre des populations civiles. Cela explique pourquoi de nombreux leaders birmans ont participé souvent à la fois au mouvement de coopération avec l'occupant et à la résistance favorisée par les Britanniques.

LA BIRMANIE INDÉPENDANTE

LA VOIE BIRMANE DU SOCIALISME

Lorsqu'il s'empare du pouvoir en 1962, le général Ne Win tente de se donner une base idéologique, en invoquant la « voie birmane du socialisme ». Le bouddhisme y joue un rôle moins important que dans les textes du régime précédent et l'orientation se veut plus dirigiste, plus doctrinaire. Dans les faits, cette idéologie ne résistera pas à la réalité : le retard économique de la Birmanie s'accentue, l'industrialisation piétine et le commerce est désorganisé par des mesures étatiques difficiles à mettre en place en raison de l'absence d'une administration solide et du manque de cadres compétents.

Le 4 janvier 1948, la Birmanie devient indépendante. U Nu prend la tête du gouvernement, Aung San ayant été assassiné l'année précédente. Mais les populations non birmanes, qui elles aussi entendent accéder à l'autonomie, prennent aussitôt les armes. Parallèlement, le parti communiste birman engage la lutte armée contre le régime de Rangoon.

Le gouvernement se trouve donc confronté à la fois aux mouvements nationalistes – karens et kachins, notamment – et révolutionnaires. Rapidement débordé sur tous les fronts, U Nu est déposé par les militaires, qui prennent le contrôle du pouvoir (septembre 1958). Le général Ne Win assure la direction du gouvernement jusqu'aux élections à la faveur desquelles U Nu revient au pouvoir (février 1960). Les minorités obtiennent l'autonomie (1er mars 1962), mais le lendemain un nouveau coup d'État militaire ramène le général Ne Win au pouvoir. Ce dernier suspend l'autonomie des minorités, dissout le parlement et prend la tête d'un Conseil révolutionnaire.

Le gouvernement autoritaire du général Ne Win doit faire face à la guérilla active du parti communiste prochinois du «drapeau blanc». Les maquisards étendent leur influence chez les Chans et les Kachins. Mais les minorités ne parviennent pas à s'unir de façon durable.

En 1974, une nouvelle Constitution entre en vigueur qui fait de la Birmanie une république socialiste à parti unique. Les principaux secteurs de l'économie sont étatisés. Au cours des années 70, Rangoon et les principales villes du pays sont à plusieurs reprises le théâtre de violentes manifestations populaires d'hostilité au régime. Celles-ci culminent en 1988, traduisant l'échec politique et économique du gouvernement. Le général Ne Win démissionne.

Le 18 septembre 1988, un conseil formé de 19 membres, le SLORC, *(State Law and Order Restoration Council)* prend le pouvoir, avec à sa tête le général Saw Maung. En mai 1990 ont lieu les premières élections libres depuis trente ans. Organisées par la junte militaire sous la pression de la communauté internationale, elles voient la victoire de la Ligue nationale pour la démocratie, le principal parti d'opposition, dont Aung San Suu Kyi (prix Nobel de la paix en 1991) est la secrétaire générale. Cependant, les militaires choisissent de ne pas tenir compte du résultat du scrutin.

ART ET CULTURE

AU CROISEMENT DE MULTIPLES INFLUENCES

En raison de sa situation géographique, la Birmanie a été en contact avec de nombreuses et diverses ethnies qui ont profondément marqué son art. Communiquant avec l'Inde, le Tibet et la Chine, elle a connu une pluralité d'influences étrangères dont la plus profonde fut liée à l'Inde.

C'est en effet l'Inde qui a transmis à la Birmanie l'hindouisme et le bouddhisme, les langues canoniques (pâli, sanskrit) et de nombreuses formes architecturales et iconographiques. Ce sont ces apports indiens, religieux et artistiques, qui ont assuré le liant entre des populations disparates et autour desquelles la culture birmane s'est peu à peu constituée.

L'architecture construite apparaît probablement vers le début de notre ère avec la naissance des premiers royaumes (pyu, arakan, môn). Dès cette époque se dégage un style architectural caractérisé par l'usage d'une enceinte quadrangulaire ou elliptique protégeant des villes. De la culture pyu ne témoignent que quelques monuments debout, petits temples, stupas cylindriques (monuments reliquaires ou commémoratifs d'origine indienne). En revanche, la statuaire est abondante : les stèles en pierre ou en stuc, les statuettes en bronze ou en argent représentent des image du Bouddha, ainsi que des divinités hindouistes.

Les premiers sites arakanais (Dhannavati et Vesali, IIIe-XIe siècle) ne nous sont connus que par les traces des enceintes, des ruines de palais et des inscriptions votives en sanskrit et par quelques sculptures bouddhiques et hindouistes.

Thaton, la capitale du royaume môn, détruite en 1057, ne garde que peu de vestiges de sa grandeur. On sait simplement qu'elle joua un rôle de première importance dans la diffusion du bouddhisme theravadin.

LES FOUILLES ARCHÉOLOGIQUES À PROME

Située dans la vallée moyenne de l'Irrawaday, Prome était la capitale du royaume pyu. Les fouilles archéologiques ont livré une céramique assez grossière apparentée à celle d'Arikamedu (près de Pondichéry, vers le IIe siècle avant J.-C.). On a aussi mis au jour des tablettes en terre cuite moulée servant d'ex-voto et analogues à celles que l'on a retrouvées en abondance dans les lieux de pèlerinage en Inde.

L'ART DU ROYAUME DE PAGAN

L'art birman atteint son apogée sous le royaume de Pagan (IXe-XIIIe siècle). Assimilant progressivement les influences indiennes et cinghalaises, il réussit à s'épanouir dans un style original, aussi bien en architecture que dans la sculpture et la peinture.

Les stupas sont généralement construits sur un haut soubassement pyramidal, lui-même subdivisé en gradins. Ceux-ci sont souvent décorés de plaques de terre cuite illustrant des épisodes de la vie du Bouddha ou de ses vies antérieures.

Les temples présentent deux types principaux : d'une part, l'édifice à plan barlong, comprenant un avant-corps et une salle-sanctuaire parfois entourée d'un déambulatoire ; de l'autre, l'édifice à noyau central, le plus souvent à étages, formant une véritable « montagne » de briques. Communs aux deux types de temples, les toits sont constitués d'un étagement de terrasses ornées aux angles de sanctuaires en réduction. L'ornementation extérieure, généralement sobre, consiste en frises stuquées figurant surtout des rinceaux stylisés, quelquefois agrémentés des animaux traditionnels du répertoire asiatique (oies sacrées et lions). À l'intérieur des temples, un foisonnement de stèles et de peintures illustrent les grands thèmes bouddhiques.

LES STUPAS

Construits en briques, les stupas sont recouverts d'un enduit de mortier avec un décor modelé. Parfois le décor est obtenu à l'aide de briques émaillées, polychromes, dorées ou argentées. Dans les derniers temps du royaume de Pagan, on y ajoutera des incrustations de verroterie.

LE RENOUVEAU DE L'ARCHITECTURE

L'arrivée au pouvoir de la dynastie d'Alaungpaya (1752-1885) s'accompagne d'un renouveau général de l'architecture et également de son décor.

Sanctuaires, monastères, mais aussi palais en bois admirablement sculptés envahissent littéralement les sites d'Ava, de Mandalay et d'Amarapura. On peut encore admirer à Mingun les restes de la colossale pagode (150 m de haut) que projetait d'édifier le roi Bodawpaya (1782-1819) et dont la mort interrompit la construction.

C'est à Mandalay que l'on entreprend de recouvrir de feuilles d'or non seulement les images du culte, mais aussi les impressionnants dômes des sanctuaires. La statuaire en bronze, en bois, en albâtre, présente cependant moins d'intérêt qu'aux périodes précédentes. Ainsi, les représentations du Bouddha sont généralement répétitives (jambes croisées, main droite prenant la terre à témoin).

En revanche, les arts mineurs vont connaître un essor remarquable qui se poursuivra jusqu'à l'époque contemporaine. Scènes de palais, thèmes religieux et folklore local illustrent les manuscrits. Tout aussi remarquable apparaît l'art de l'orfèvrerie : on cisèle, on repousse l'argent pour façonner des vases et des bols splendides.

L'ARCHITECTURE DE BOIS

L'architecture de bois est attestée par des édifices dont certains ont survécu. Les toitures étagées s'effilent vers le sommet, la surcharge décorative n'est pas sans évoquer le style baroque. Quant aux peintures murales, elles présentent un mélange d'influences diverses, tibéto-sino-birmanes, avec des réminiscences indiennes et siamoises.

DES GENRES POÉTIQUES VARIÉS

LES ÉPITRES

Dès le XVe siècle, hommes et femmes adressent au roi des traités politiques ou moraux, voire des conseils ou des remontrances sur ses devoirs royaux. Ce sont des épîtres, ou *myittaza*, dont le genre a perduré jusqu'au XIXe siècle. La première épître connue est due à Kandaw Min Gyaung Sayadaw et fut composée sous la dynastie d'Ava (XVIIe siècle).

Les premiers éléments de versification qui régissent encore aujourd'hui la poésie birmane remontent à la période de Pagan (IXe-XIIIe siècle).

Au cours du XIVe siècle, la poésie est essentiellement le fait de moines ou de laïcs ayant passé de nombreuses années au monastère. Bouddha, le roi et la famille royale sont les seuls thèmes d'inspiration. Ce n'est qu'au siècle suivant qu'apparaissent des genres poétiques variés, dont l'*egyin*, ballades à la gloire d'un monarque ou d'un prince, et le *mawgun*, panégyrique en vers, semblent être les plus prisés. S'imposent également le *pyo*, long poème sur la vie de Bouddha, et le *yadu*, ode sur l'amour.

Le XVIe siècle – c'est-à-dire la période Toungoo – correspond à l'âge d'or des genres *yagu* et *egyin*, illustré par Hlawgathondaunghmu (1498-1578) et surtout Nawadé le Grand (1498-1588). Ce dernier, poète, courtisan et soldat, est l'auteur de plus de 300 *yadu*; il fut également le premier à composer un *pyo* sur un thème profane. Autre maître du *yadu*, le prince héritier Natshinnaung (1578-1613) tire de sa vie tragique la source de son inspiration.

Au cours du XVIIIe siècle, la poésie s'enrichit du *yagan*. Ce genre s'inspire directement de l'une des deux grandes épopées hindoues, le *Ramayana*. Quant à la poésie chantée, elle est surtout l'œuvre de femmes, plus particulièrement des poétesses de cour.

Avec la conquête anglaise, et la disparition de la cour, la poésie se fait plus rare. Mais l'indépendance fournit aux poètes de nouveaux thèmes, à caractère patriotique.

DU THÉÂTRE DE COUR AU THÉÂTRE POPULAIRE

C'est au début du XVIIIe siècle qu'apparaît le théâtre classique, ou *pyazat*. À l'instar du *yagan*, il s'inspire de l'exemple siamois. Peu à peu, le théâtre sort de la cour pour acquérir une dimension «populaire», notamment grâce au *Ramayadan* d'U To, dont des extraits sont représentés dans tout le pays.

Le grand dramaturge de la Birmanie reste U Ponnya de Salé (1807-1866), dont la pièce *Le Porteur d'eau* (1856) a pour personnage principal un individu de basse extraction. U Ponnya de Salé se révèle par ailleurs auteur satirique de talent.

L'installation des Anglais en Birmanie entraîne à son tour de profonds bouleversements dans le domaine du *pyazat*.

Si les thèmes traditionnels continuent d'inspirer les auteurs, des scènes réalistes, voire crues, apparaissent dans les œuvres dramatiques telles que *Konmara* d'U Pok Ni, ou *Le Frère et la sœur Orang-Outang*, d'U Ku, toutes deux créées en 1875.

Par ailleurs, un nouveau genre voit le jour, l'*anyein*, farce populaire dans laquelle plaisanteries, chants et danses se succèdent pour la plus grande joie du public.

LE ROMAN, ENTRE TRADITION ET MODERNISME

LES CHRONIQUES

Les chroniques, ou *yazawin*, étaient à l'origine des traités canoniques ou didactiques. La plus ancienne, *Yazawingyo*, écrite par le bonze Thilawuntha, date de 1520 et retrace l'histoire des rois de l'Inde, de Ceylan et de Birmanie. En 1829, le roi Bagyidaw ordonna la compilation de *Yazawingyo* et de *La Grande Chronique*, composée par Maung Kala (1714-1733). Cette compilation donna naissance à la rédaction de *La Chronique du palais de cristal*, tout entière consacrée à la gloire des dynasties ayant régné sur le pays.

Le roman proprement dit est contemporain de la conquête britannique. Très rapidement il se caractérise par un thème récurrent, le conflit entre les traditions et le modernisme – représenté par le mode de vie des Anglais –, qui constituera la marque essentielle du roman birman.

Au cours des années 20, les pamphlets de Thakin Kodo Hmaing appellent les Birmans à se soulever contre l'occupant anglais. Parallèlement, de nombreuses associations littéraires voient le jour. La plus célèbre, et aussi la plus influente d'entre elles, le Drapeau rouge, fondée par le futur U Nu, milite en faveur d'une littérature birmane originale.

Au premier rang des romanciers les plus engagés figure Maha Shwé (1900-1953), auteur de 50 romans et de plus de 500 nouvelles. Ses romans les plus connus sont *La Maison des rebelles* et *Notre Mère*, allégorie représentant la Birmanie ployant sous le joug des colonisateurs.

La littérature engagée développe ensuite d'autres thèmes, notamment la société birmane, paysanne surtout, en proie à la misère et en butte à une administration corrompue. Le clergé bouddhiste n'échappe d'ailleurs pas à la critique de corruption, comme en témoigne l'œuvre de Hpe Myint. Ce dernier dépeint en effet, dans *Le Bonze à la page* (1937), un religieux mondain et intrigant.

La misère des petits paysans est au centre des préoccupations de Dagon Khin Khin Lé *(Vie d'une femme)*. Un thème qui traverse également l'œuvre de Ming Aung qui obtient un prix littéraire pour *La Terre sous le ciel*, fresque réaliste mettant en scène une famille de paysans exploités par un prêteur sur gages.

Parmi les auteurs contemporains, les plus célèbres sont Thadu et les romancières Mama Lé *(Ce n'est pas par haine)* et Khin Hnin, dont les nouvelles sont pénétrées de ses convictions bouddhistes.